2018 트렌드노트

2018 트렌드노트

——— 우리는 어디로 가고 있는가 ———

김정구 · 박현영 · 백경혜 · 염한결 · 정유라 지음

북스톤

•본문의 인용문에는 일부 맞춤법에 맞지 않는 표현이 있지만, 소셜미디어 상의 생생한 느낌을 전하기 위해 띄어쓰기 외에는 교정하지 않고 게재하였습니다.

"20년 전 일본인 관광객들은 항상 카메라를 들고 다니며 온갖 것을 찍는다는 이유로 웃음거리가 되었다. 그런데 지금은 모두가 그렇게 한다."
– 유발 하라리,《호모 데우스》중에서

소셜미디어 상에서 가장 많이 나오는 단어로 명사형은 '사진', 동사형은 '찍다'이다. 우리는 확실히 사진 찍는 시대에 살고 있다. 경험을 남기고 싶어서 사진을 찍는 것이 아니라, 사진을 찍고 싶어서 경험을 한다. 사진은 데이터가 되고, 데이터를 학습한 기계가 인간을 대체한다. 인간은 할 일이 없고, 쓸모를 만들어내지 못한다. 그럴수록 더더욱 나의 건재함을 과시하기 위해 사진을 더 찍어 올린다. 나 이런 곳도 가보았고, 이런 시간도 보냈고, 이런 것도 먹어보았다, 나 이런 취향을 가진 이런 사람이다, 무시할 만한 사람이 아니란 말이다. 사진은 계속 늘어난다. 늘어난 사진은 데이터가 된다. 그리고 지치지도 않고 기계는 사진을 학습한다.

디지털 혁명, 4차 산업혁명, 인공지능 시대, 한 번도 겪어보지 못한 특이점이 온다고 한다. 아마도 올 것이다. 빅데이터, 인공지능이 가져올 파장을 제외하고 미래를 논하기는 어렵다. 내년이면 또 '2018 ○○부서 전략 보고서'를 작성할 것이고, 그 첫머리는 '4차 산업혁명'으로 시작될 가능성이 높다.

하지만 한 명의 마케터가 4차 산업혁명 시대를 고려하여 회사의 비전과 변화 방향성을 제시할 수는 없다. 한 명, 두 명, 한 팀, 한 부서, 한 회사 전부 모여도 마찬가지다. 디지털 혁명을 맞이하여 대면 커뮤니케이션을 비대면으로 바꾸자 하면 기존의 인력을 다 자르자는 얘기냐고 반박할 것이고, 그대로 하자고 하면 시대가 변하는데 우리는 가만히 앉아만 있을 거냐고 반박할 것이다.

4차 산업혁명, 디지털 혁명, 특이점… 뭐라고 부르든 시대는 변할 것이다. 어떻게 변할까?

내년에 사과 사(社)가 사과페이를 내놓을까? 그래서 모두 지갑을 놓고 다닐까? 가죽 산업이 위태로워질까? 지문인식을 하도 해서 지문이 닳아 없어지는 일명 물개손가락 병이 생길까? 물개가 뜨고 캐릭터 상품이 만들어질까? 이런 시대에 병 제조사인 우리 회사는 뭘 해야 할까? 지문을 대면 색이 변하는 생체시스템자동인식알파병을 물개 캐릭터와 콜라보레이션하여 한정판으로 내놓고, 인스타그램에 올리면 추첨을 통해 남아프리카공화국 물개섬 투어를 해준다고 프로모션할까?

'어떤 기술'이 어떻게 변할지, 어떤 파장을 일으킬지, 누가 승자가 될지는 아무도 모른다.

하지만 우리는 기술을 바라보는 '사람들의 심상'은 읽을 수 있다. 디지털 시대를 바라보는 두려움, 흥분과 기대, 실망과 자조, 격앙됨과 허탈, 이 모든 것이 합쳐진 시대감성을 읽을 수 있고, 시대감성이 불러온 행동들을 관찰할 수 있다. 사람들의 행동들을 추적해보면 그들의 욕망이 어렴풋이 잡힌다. 그러한 욕망의 집합이 미래를 이끌 추동력이 될 것이다. 우리는 그 흐름을 트렌드라 부른다.

그래서 트렌드는 '관찰', 거기서부터 시작된다. 《2017 트렌드 노트》에서도 밝혔듯이, 관찰은 브랜드나 제품의 관점을 벗어나 더 넓은 시각으로 사람들의 생활을 '있는 그대로 본다'는 것을 의미한다. 옳고 그름, 당위와 의무를 떠나서 사람들을 있는 그대로 관찰해보자. 사람들이 달마당에 많이 가는지 별마당에 많이 가는지, 어디를 덜 가고 어디를 더 가는지, 왜 달마당에서는 노란물을 먹고 별마당에서는 하얀물을 먹는지, 달과 별, 노란색과 하얀색이 내포하는 함의는 무엇인지 대한민국 구석구석을 살펴보기로 하자. 2018년, 인공지능 로봇이 화성으로 날아간다 해도 우리는 지금 먹고 마신 여기에서 2018년을 시작할 테니까.

C·O·N·T·E·N·T·S

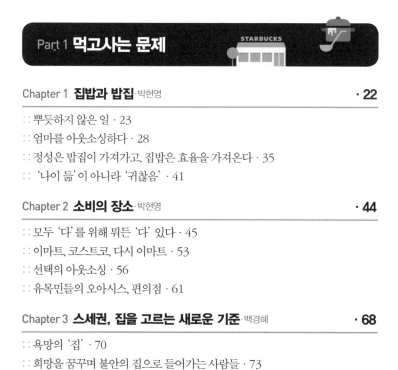

Part 1 먹고사는 문제

Part 2 **노동과 휴식**

Part 3 **자기표현과 자율**

'뜨는' 장소로 풀어낸 한국사회의 시대감성

어떤 말은 더 많이 쓰이고, 어떤 말은 덜 쓰인다. 앞의 '책머리에' 3페이지에서 어떤 용언, 쉽게 말해 '~다.'로 끝나는 단어 중 가장 많이 쓰인 단어를 헤아려보라. 그러고 나서 뒤의 프롤로그 3페이지에서 가장 많이 쓰인 용언과 비교해보자. 어떤 단어가 가장 많이 쓰였는가? 상대적으로 프롤로그에서 더 많이 쓰인 단어는 무엇인가? 실제로 해보자는 것은 아니다. 단 3페이지이지만 거기에 쓰인 단어를 헤아리기는 쉽지 않다.

텍스트마이닝 엔진은 이런 일을 쉽게 한다. 3페이지가 아니라 백 페이지, 천 페이지, 만 페이지라도 기계는 1초도 안 걸려 헤아린다. 실제로 '헤아리다'를 검색엔진에 넣으면 0.42초 만에 '헤아리다'가 포함된 문서 약 7만 2500개를 찾아낸다. 7만 2500개라는 결과를 보여주기 위해 실제로 더 많은 문서를 검토했음은 물론이다. 이런 원리의 텍스트마이닝 엔진을 통해 소셜미디어에 쓰인 단어를 분석했다. 어떤 행동 서술어가 가장 많이 쓰였을까? 지난 2년 반 동안 소셜미디어에 올라온 글 중에서 가장 많이 쓰인 행동 서술어 1위는 '보다'이다. 볼거리가 많아지고, 볼거리들을 놓치지 않고 보아야 하고,

〈소셜미디어에서 가장 상승률이 높은 서술어 '뽑다'의 연관어〉

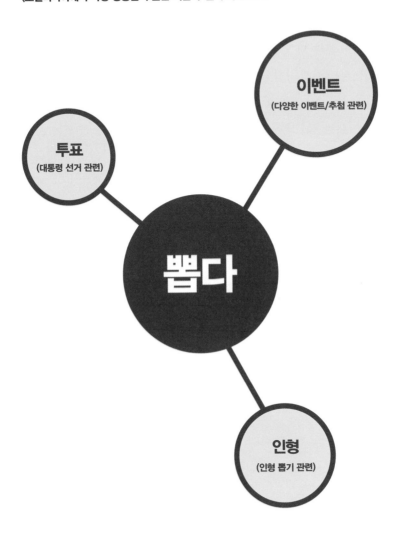

출처 | SOCIALmetrics™ 2013.01.01~2017.08.31 (Blog)

네가 봤다면 나도 보고야 말 테다,라는 분위기가 팽배하니 당연한 결과로 보인다. 그렇다면 가장 증감률이 높은 행동 서술어는 무엇일까? '뽑다'가 당당히 1위에 뽑혔다. 사람들이 무엇을 그렇게 뽑아댔는지는 쉽게 상상할 수 있을 것이다.

하나하나의 행위어 순위도 흥미롭긴 하지만, 우리가 보고 싶은 것은 개별 액션보다 더 큰 의미의 '방향성'이다. 다음 도표는 2015년부터 2017년 6월까지 소셜미디어에 가장 많이 나온 행동 서술어 100개의 언급량과 증감률을 보여준다. 오고, 가고, 먹고, 노는 행위어는 증가한 반면 만들고, 생각하고, 일하고, 배우는 서술어는 줄어들었다. 이는 우리가 노동보다 휴식을 지향함을 말해준다.

〈소셜미디어에서 가장 많이 나온 서술어 상위 100개의 언급량 및 증감률〉

	언급증감 하	언급증감 중	언급증감 상
언급량 상	나오다. 살다. 생각하다. 만들다. 듣다. 알려주다. 만나다. 묻다. 팔다	보다. 오다. 알다. 받다. 쓰다. 들다. 사다. 보내다. 다니다. 들어가다. 다르다. 타다. 찾다. 시작하다. 나가다. 놀다	가다. 먹다. 주다. 해주다. 자다. 바라다. 찍다. 다녀오다
언급량 중	들어오다. 잡다. 빠지다. 확인하다. 읽다. 일하다. 죽다. 구하다. 나누다. 알리다. 생각나다	기다리다. 시키다. 사용하다. 울다. 바꾸다. 일어나다. 빼다. 준비하다. 키우다. 두다	입다. 추천해주다. 마시다. 데려가다. 이야기하다. 쉬다. 참다. 이용하다. 먹지 않다. 구매하다. 검색하다. 남기다
언급량 하	결혼하다. 구입하다. 배우다. 지나가다. 전화하다. 얻다. 모으다. 끊다. 지내다. 돌다. 끼다. 담다. 떠나다. 태어나다	고르다. 끄다. 소개하다. 신경 쓰다. 도착하다. 차다. 깔다	챙기다. 걷다. 찾아보다. 사오다. 추천하다. 먹어보다. 가보다. 버리다. 눕다. 써보다. 사주다. 병원 가다. 뽑다

이번에는 뜨는 서술어를 하나의 말뭉치로 묶어서 '연관어'를 확인해보았다.

오고가는 왕래발착 서술어, 먹고 쉬는 놀이 관련 서술어, 찾아보고 먹어보고 써보는 경험 서술어의 연관어로는 '장소' 지칭어가 가장 많이 나왔다. '누구와', '언제', '무엇을' 했다는 것보다 '어디서' 했다는 것이 중요함을 의미한다.

장소 지칭어에는 다양한 범주가 있다. 집, 호텔, 마트, 어린이집처럼 건물과 용도를 포함한 일반명사가 있는가 하면, 서울, 광화문, 잠실, 한남동 같은 지명도 있고, 인천공항, 서울역, 롯데월드, 스타필드 등의 랜드마크를 지칭하는 고유명사도 있다. 이러한 분류는 국어학적 의미는 아니고 사람들이 사용하는 자연어를 재단한 결과다.

같은 장소를 두고 사람들은 다양한 말을 사용한다. 잠실에 있는 롯데월드 복합쇼핑몰은 롯데월드타워, 제2롯데월드 등으로 불리는데 그냥 '롯데월드'로 더 많이 쓰인다. 하남에 있는 스타필드 하남점은 '하남 스타필드'라고 지명 더하기 고유명사로 쓰이고, 삼성동에 있는 스타필드 코엑스몰은 거의 100% '코엑스'라고 불린다. 입에 더 붙는 말이 있고 자연스러운 언어가 있게 마련이다. 또한 같은 장소를 지칭하는 언어도 변해간다. 롯데월드가 길 건너 놀이동산을 지칭하다가 지금은 롯데타워 쪽 복합몰을 지칭하게 되었고, 인천공항은 으레 그냥 '공항'이라고 불리다가 지금은 '인천공항'이라고 지명 더하기 공항으로 더 많이 쓰인다. 국제선을 타고 먼 곳으로 여행을 떠나는 자신의 모습을 부각시키기 위해 밋밋한 공항보다

인.천.공.항.이라고 말하는 것이 더 근사하게 여겨졌고, 그런 글들을 많이 보다 보니 서로 영향을 받아서 더 많이 쓰게 됐을 것이다.

　장소는 확실히 중요해졌다. 내가 어디에 있는가가 내가 누구인지를 말해주는 매우 중요한 요인이 되었다. 내가 사는 것이 나를 말해주는 시대에서 내가 있는 곳이 나를 말해주는 시대가 된 것이다. 100만 원으로 명품 가방을 샀다고 하자. 가방을 주제로 인스타그램에 사진을 몇 장이나 올릴 수 있을까? 장소적 배경을 바꾸지 않고 같은 장소에서 가방을 주인공으로 해서 올릴 수 있는 사진은 한 장이다. 그마저 아무런 이유 없이 '가방 샀다'만으로 사진을 올리기는 무색하다. 같은 100만 원으로 전국 맛집 투어를 했다고 하자. 서울, 부산, 통영, 제주 찍고, 여수, 전주, 강릉, 속초, 양평을 거쳐 다시 서울에 들어오면 최소 10장이고, 출발, 도착, 기다림, 드디어 한 입, 디저트, 지나가다 우연히 발견한 고양이 사진까지 포함하면 한 지역당 10장을 찍어 올려도 무색하지 않다. 돈을 쓰는 가치를 어디에 두느냐에 따라 100만 원으로 무엇을 할지가 정해진다.

　여기서 돈을 쓰는 가치는 찍어 올릴 만한 사진을 몇 장 생성시켰는가로 환원된다. 기계가 학습할 소스를 제공하기 위해 사진생성기계가 된 우리는 새로운 장소를 필요로 하고, 새로운 장소가 생겨났다고 하면 끊임없이 가고, 보고, 먹어본다. 새로운 핫플레이스를 찾아다니는 사람들이 올린 글이 매년 1.2배씩 증가한다. 구체적인 핫플레이스는 3개월마다 바뀌지만 핫플레이스를 찾는 행위는 계속 늘어난다. 인스타그램이 무엇인지 정확히 알지 못해도, 찍은 사진을 공유할 만한 사람이 없어도, 요새 한남동이 핫하다는 소식을 접하면, 한남동을 기웃거리게 된다. 꼭 유행에 민감한 사람만의 이야기가 아니다. 어느 지역에 살든, 어떤 취향을 가지든 상관없이 누구나 들썩이게 만드는 어떤 움직임이다.

우리는 유행을 보고자 하는 것이 아니라 어떤 움직임들의 속내를 읽어내고자 한다. 장소는 시대감성을 읽기에 최적화된 키워드다. 이에 이 책에서는 뜨는 장소를 10개 범주로 묶어 한국사회 시대감성의 흐름과 방향성을 짚어보았다. 이를테면 '장소'라는 구체성으로 살펴본 추상적 시대감성이라 할 수 있다.

본문은 3개 파트로 구분된다.

첫 번째는 먹고사는 문제를 다룬다. 우리의 식탁 풍경은 얼마나 달라졌을까? 따뜻한 밥상의 대명사로 엄마와 고등어, 보글보글 된 장찌개는 끈질기게 우리를 따라다닌다. 하지만 막상 엄마가 부엌에서 요리하는 시간은 얼마나 될까? 실제로 엄마는 어떤 요리를 할까? 엄마가 요리를 하긴 하는 걸까? 우리는 무엇을 먹고살고 있지? 이것 대신 저것, 저것 대신 이것을 먹으면서 우리가 따라 하고 싶은 삶은 무엇일까? 식탁의 변화, 장보는 장소의 변화와 함께 집에 대한 기대의 변화를 살펴본다.

두 번째는 노동과 휴식의 문제다. 전반적인 트렌드가 노동보다 휴식을 지향하고 있다. '월차' 내고 '휴가' 가는 것은 지혜로움이고, '야근'하며 '열정'을 불사르는 것은 어리석음이다. 짬짬이 노는 것이 중요해진다. 이틀 주말도 가만히 있을 수 없어 국내외로 여행을 떠나는 2박3일 여행과 관련해서는 6장에서 자세히 다루고 있다. 이국적인 바다와 모래사장을 배경으로 컬러풀한 트로피컬 음료와 색 맞춤한 표지의 책 한 권이 무심히 놓여 있는 사진은 '내가 회사에 충성하고 열심히 일만 하는 사람이 아니라 휴식과 여유를 즐길 줄 아는 사람'이라고 주장하고 있다. 비록 이 한 장을 연출하기 위해 금요일 밤 비행기를 타고 12군데 핫플레이스를 찍고 찍고 발이 부르트도록 돌아다니는 일정을 강행할지라도, '여.유', 바로 거기에 로망이 있다.

세 번째는 자기표현과 자율성의 문제다. 한편에는 누구도 침범할 수 없는 나만의 공간을 원하는 개인이 있고, 다른 한편에는 자발적으로 광장에 모여든 개인들이 있다. 자기만의 취향과 개성을 주장하는 개인이 있는가 하면, 같이 모여 한 목소리를 내고자 하는 개인들이 있다. 각각의 개인들은 다른 개인이 아니다. '개인화'는 '타인에 대한 무관심'과 동의어가 아니다. 회사가 기획한 주말 등산에는 한 발자국도 움직여지지 않지만 내 취향을 위해서는 에베레스트라도 오를 수 있다. 사회적 성공을 포기한 세대의 자기위안적 취미활동, 혹은 꼰대 부장님과 철부지 신입사원 간의 세대갈등이라 치부하지 말고, 우리 사회의 자기표현 양상을 찬찬히 들여다보기 위해 '광장'과 '내 방'의 의미를 살펴본다. 아울러 한국인이 많이 찾는 핫플레이스와 여행지에서 사람들이 표출하는 감성에 대해 다룬다. 핫플레이스의 흥망성쇠 주기가 6개월을 넘지 못하는 것이 현실이지만, 사람들이 집단적으로 좋아한 그곳에는 그만 한 이유가 있고 그곳만의 감성이 있다. 이 책을 당신이 읽을 때쯤 그 핫플레이스가 문 닫지 않았기를 바란다.

이 책의 부제는 '발로 뛰는 마케터를 위한 손에 잡히는 트렌드'다. 너무 길어서 표지에 적지는 못했다. 디지털 혁명은 다가온다. 고령화 사회도 되고 있다. 그 변화는 우리 삶으로 침투할 것이다. 그것은 말이나 관념만으로 파악할 수 있는 것이 아니다. 한남동 핫플레이스에 앉아서 주위를 둘러보라. "내 딸이 여기가 요새 핫하다고 했어"라고 말하며 동창모임을 하는 나이 지긋해 보이는, 할머니라 불리기를 거부하는 한국 나이 65세 이상인 여성분들을 만나보고 고령화 사회를 논하자. 그들이 추억의 메뉴를 주문하는지, 씹기 편한 유동식을 주문하는지, 건강식을 주문하는지, 아니면 가장 핫하다고 추천받은 바로 그 메뉴를 주문하는지 지켜보자.

자사의 물건을 하나라도 더 팔려는 마케터는 있는 그대로의 트렌드를 읽을 준비가 되어 있다. 섣불리 자사의 결정이 성공적이었다고 과시하거나 정치적으로 올바른 교훈을 이끌어내려는 의도가 없기에 그들은 오히려 정직하다. 머릿속의 디지털 혁명과 고령화 사회는 잠시 접어두고 발로 뛸 준비가 된 마케터에게, 이 책은 최소 10곳의 방문 리스트를 제공할 것이다. 구체적인 장소에서 생생한 인사이트를 얻고자 하는 마케터에게 충실한 가이드가 되길 바란다.

Part 1
먹고사는 문제

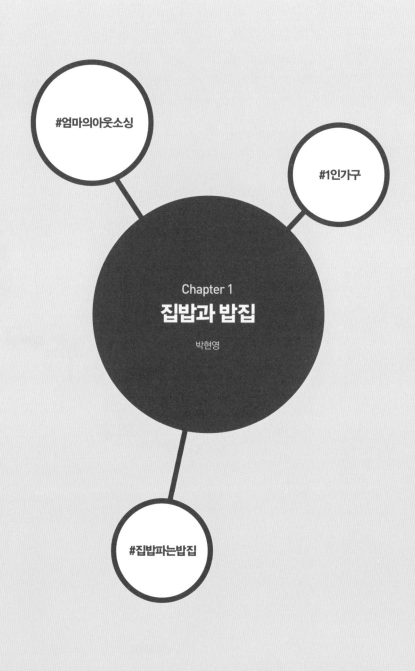

#엄마의아웃소싱

#1인가구

Chapter 1
집밥과 밥집

박현영

#집밥파는밥집

뿌듯하지 않은 일

집안일 중에서 가장 하기 싫은 일은 뭘까? 요리? 청소? 빨래? 설거지? 쓰레기 치우기? 당신은 어떤가? 개인적인 호불호에 차이가 있을 수 있겠으나, 10억 건의 빅데이터가 개인들의 의견을 종합한 결과 부정 비율 1위의 집안일은 '쓰레기 버리기'가 차지하였다. 쓰레기 버리기는 특히 '짜증' 수치가 높았고, 추운 날씨에 정말 나가기 싫은 일이며, 더울 때는 심한 냄새 때문에 무섭기까지 한 일로 나타났다. 반면 요리와 세탁은 다른 집안일보다는 긍정적이다. 요리는 결과적으로 고마움을 불러일으키고, 배고픔을 해소하며, 과정이 재미있게 느껴지기도 한다. 빨래는 귀찮은 일이긴 하지만 깨끗한 결과를 가져오고, 세탁기, 건조기, 빨래방, 세탁소 등 기계와 서비스의 도움이 가장 활발한 영역이기도 하다.

문제는 설거지다. 설거지는 결과적으로 뿌듯한 일도 아니고, 과정이 재미있는 일도 아니고, 귀찮기로는 으뜸인 집안일이다. 식기세척기가 발달하지 않은 우리나라에서 기계의 도움이 가장 적은

〈집안일별 주요 감성 순위 및 긍부정 비교〉

요리		청소		세탁		설거지		쓰레기배출	
긍정 53.5%		**긍정** 33.6%		**긍정** 38.7%		**긍정** 20.4%		**긍정** 13.9%	
부정 46.5%		**부정** 66.4%		**부정** 61.3%		**부정** 79.6%		**부정** 86.1%	
1	좋아하다	1	힘들다	1	좋다	1	힘들다	1	짜증나다
2	좋다	2	좋다	2	힘들다	2	귀찮다	2	냄새나다
3	귀찮다	3	귀찮다	3	깨끗하다	3	피곤하다	3	힘들다
4	힘들다	4	덥다	4	궁금하다	4	좋다	4	화나다
5	싫다	5	깨끗하다	5	괜찮다	5	짜증나다	5	좋다
6	편하다	6	바쁘다	6	귀찮다	6	싫다	6	춥다
7	덥다	7	더럽다	7	냄새나다	7	아프다	7	궁금하다
8	쉽다	8	피곤하다	8	싫다	8	바쁘다	8	귀찮다
9	괜찮다	9	편하다	9	바쁘다	9	편하다	9	무섭다
10	재미있다	10	배고프다	10	편하다	10	지치다	10	참다
11	싫어하다	11	싫다	11	덥다	11	배고프다	11	속상하다
12	배고프다	12	지치다	12	더럽다	12	괜찮다	12	싫다
13	궁금하다	13	춥다	13	춥다	13	참다	13	이상하다
14	어렵다	14	짜증나다	14	짜증나다	14	덥다	14	답답하다
15	아깝다	15	신나다	15	피곤하다	15	고맙다	15	우울하다

출처 | SOCIALmetrics™ 2013.01.01~2017.08.31 (Community)

영역이기도 하다.

설거지의 귀찮음은 식기세척기의 시장 가능성을 시사하는가? 덥고 습한 날씨, 좁아진 집, 미세먼지가 합쳐져서 필수 가전으로 자리 잡은 건조기처럼, 식기세척기는 삶의 질을 높여주는 새로운 필수 가전으로 자리매김할 수 있을까?

현재로서는 어려울 것 같다. 사람들은 설거지를 쉽게 하기보다는 설거지를 안 하는 방법을 택했다. 설거지를 덜 하는 방법은 조리도구를 최소화하여 간단히 해 먹거나 아예 밖에서 사먹는 것이다. 주부에게 '해 먹는 일'은 귀찮은 데다 재료도 남아서 문제이지만 가족이 잘 먹으면 만족감을 느끼는 것, 즉 하기는 싫지만 가족에게 해주고는 싶은 일이다. 때문에 간편한 레시피를 선호한다. 반면에 '사먹는 것'은 가격이 문제이지만 그만큼 편하다. 주부도 사먹는 음식이 맛도 있고 시간적 여유를 가질 수도 있어서 좋아한다.

여기서 의문을 제기할 수도 있다. 엄마가 언제부터 이렇게 이기적이 되었단 말인가? 귀찮다고 주부의 의무를 방기해서야 되겠는가? 이런 시선을 인식해서인지 사먹었다는 글에는 반드시 해 먹지 않고 사먹는 이유가 함께 언급된다. 사먹었는데 결과가 괜찮았으며, 어떤 면에서 비용도 덜 든다는 명분이 들어 있다.

"요즘에 분식에 푹 빠져 있어서 거의 점심을 시켜 먹는 것 같은데요. 만들어 먹으려면 너무 손이 많이 가서 꼭 사먹게 된답니다. 재료비를 감안하면 해 먹는 게 돈이 더 드는 듯."

'주부', '엄마'라는 단어에서 우리는 어떤 이미지를 떠올릴까? 혹시 〈전원일기〉(1980년 10월 21일부터 2002년 12월 29일까지 MBC에서 방영한 농촌 드라마)의 김혜자 님을 떠올리고 있는 것은 아닐까? 1980년대에 태어난 사람들이 서른이 넘은 현 시점에도 편의점 엄마표 도시락 브랜드명이 '김혜자 도시락'인 것을 보면 엄마에 대한 이미지는 변함없이 김혜자 님이 연기한 농촌 아낙에 머물러 있는 것은 아닌지 의심스럽다. 농촌이 상가나 아파트로 개발되고, 그 상가나 아파트가 다시 한 번 재개발되었을 만큼 시간이 흘렀다. 그런데 주부를 바라보는 시선은 좀처럼 변하지 않는다.

다른 나라 데이터에서는 보이지 않는데 한국 '엄마'에만 따라다니는 연관 감성이 있다. 점차 그 비중이 줄어들고 있기는 하지만 여전히 상위권을 차지하고 있는 감성은 '미안하다'이다. 엄마가 자신의 편의를 위해 무언가를 선택하면 미안함을 느낀다. 엄마의 선택은 가족의 건강을 위해, 가구 경제의 이익을 위해, 노동시간을 단축하여 아이와 더 놀아주기 위해 이루어진다. 혹은 그렇게 이루어진다고 가정된다. 초중고교생은 무상 또는 유상으로 학교에서 급식을 시행한다. 학교 소풍 같은 예외적인 상황을 제외하고 대한민국 엄마는 도시락을 싸지 않는다. 엄마표 도시락은 편의점 냉장고에서나 발견할 수 있다. 하지만 여전히 엄마의 정성이 가득한 도시락의 이미지는 사라지지 않고 있다. 성당 주일학교 간식에 대한 작은 해프닝을 들은 적이 있다. 신부님은 주일학교 어린이들에게 햄버거를 간식으로 주는 것이 못마땅하셨다. 신부님은 다음부터 간식은 '엄마의 마음'으로 준비해달라고 하셨다. 이 말을 들은 자모회 어머니들은 실제 '엄마의 마음' 같으면 당연히 배달음식을 주문하겠지만 신부님이 기대하시는 '엄마의 마음'을 짐작하기에 다음 간식인 닭튀김은 생닭을 사서 자르고 우유에 재서 빵가루 묻혀 두 번 튀겨 준비하였다. 신부님은 예상대로 만족하셨다는 후문이다.

트렌드가 현재의 흐름을 통해 미래를 가늠해보는 것이라면, 트렌드 읽기는 현실을 직시하는 데에서 시작된다. 대한민국 식문화 트렌드는 밀레니얼 세대로 성장한 1980년대생들을 현재의 엄마로 인정하고 바라보는 데서부터 시작한다. 양성평등 교육을 받고, 글로벌 인재가 될 것을 기대하며 성장한 그녀들이 주부라는 역할에 만족하기는 어렵다. 자신의 기대와 현실의 차이를 메우기 위해 주부는 '뿌듯한' 일을 찾는다. 뿌듯함이란 결코 쉽지 않은 무언가를 만들고 완성하는 데에서 오는 성취감이다. 한 끼를 해 먹는 과정은 뿌듯함을 줄 수 있을까? 그런 단계가 있고 그렇지 않은 단계도 있다. 한 끼를 먹기 위한 과정별 감성은 다음과 같다.

1) 장보기 : 힘들고 귀찮고 시간이 걸림

2) 재료 손질 : 힘들고 어려움(이 때문에 간편한 재료 선호)

3) 요리 : 힘들고 귀찮지만 재미있기도 함

4) 밥 먹기 : 신나고 너무 좋음

5) 설거지 : 힘들고, 귀찮고, 식사준비 단계 중에서 가장 싫음

이 중 재료 손질과 설거지는 뿌듯함과는 거리가 멀다. 외부 서비스는 이 지점을 집중 공략한다. 이 과정을 메워주는 서비스는 소비자의 선택을 받아 지속 성장한다. 어떤 서비스와 어떤 제품들이 달라진 집밥 풍경을 이루는지 살펴보자.

엄마를 아웃소싱하다

2014년 김장철 마트 전단광고를 장식한 것은 산지직송 '배추'였다. 옆에는 파, 마늘, 생강, 젓갈 등 김치를 담그는 부재료가 함께 등장한다. 2015년 그 자리를 차지한 것은 '절임배추'였다. 어떤 소금을 쓰는지 어떻게 믿느냐고, 너무 짜지도 싱겁지도 않게 적당히 잘 절여오겠냐고 의심했던 비교적 연령대 높은 소비자들도 절임배추의 편리함에 이내 매료되었다. 그리고 2016년 가을의 주인공은 마침내 '종갓집 포기김치'가 차지했다.

음식을 어디까지 직접 할 것인가의 수준은 해마다 달라진다. 2012년 '김장의 민속학적 관찰지'라는 다소 거창한 이름의 프로젝트를 진행했을 때 이미 절임배추의 상승세가 포착되었지만, 몇 년 후 김장 김치를 통째로 사먹을 거라고는 예상하지 못했다. 당시 김장의 풍속은 김장 마스터에 해당하는 친정엄마나 시어머니가 김장 준비를 하면 주말에 가족들이 다 모여서 김치를 담근 뒤 김치와 고기 보쌈을 먹고 각자 가져온 통에 김치를 나눠 담아가는 집안행사였다. 감성적으로 힘들지만 뿌듯한 일이었고, 추워지기 전에 미리 미리 해두면 든든한 리추얼이었다. 김장 행사를 중심으로 대가족으로 회귀하는 듯 보이기도 했다. 하지만 불과 몇 년 만에 김장 김치를 직접 담그지 않고 사먹는 일이 많아졌다.

김치를 직접 담그지 않게 된 데에는 많은 요인들이 작용했을 것이다. 주부 카페에서 9월의 대표 키워드는 '김장'이다. 7월의 '김장'은 '아직도 작년 김장 김치를 먹는가?', '오래된 김장 김치를 어떻게 활용하는가?' 등의 활용법이 주제라면 9월의 '김장'은 '시댁에서 김장하러 오라는데 가야 하는가?', '돈을 얼마나 드려야 하는가?' 등 원치 않는 가족행사 참석과 비용에 관한 문제다.

"김장이 시댁이랑 친정이랑 겹쳐요."

"시댁 김장 비용 얼마나 드리나요? 최소한 우리 가져오는 거 재료비는 드려야 한다고 생각하는데 시누이는 일도 안 하고 우리보다 더 많이 가져가면서 늘 빈손이네요 ㅠㅠ"

"시댁이 전남 목포인데 김장을 100포기 이상 하세요. 저랑 우리 오빠는 김치 잘 먹지도 않는데, 우리 먹자고 하는 것도 아니고… 아들이 바빠서 못 간다고 하니까 저라도 오라고 하시네요. 저는 뭐 일 안 하나요? 정말 눈물 납니다."

"임신 7개월 예비맘입니다. 감기 걸렸다고 분명히 말씀드렸는데 이번 주말에 김장한다고 오라고 하시네요. 오빠가 거들어주면 니가 할 일을 니 신랑이 다 한다고 하시고. 시댁에서 며느리를 그 집 종으로 생각하시는 것 같아요."

시댁과 친정 사이의 갈등, 비용 이슈, 노동의 강도와 김장에 대한 태도의 차이가 주요 갈등소재다. 이런 갈등을 여러 해 겪었던 어느 아저씨는 호텔 김치를 사서 김장 전에 양가에 보낸다고 한다. 회사에서 추석 선물로 받았다는 현명한(?) 명분도 잊지 않는다. 김치 담그기 능력이 없는 젊은 세대가 윗세대를 중심으로 모였다가 다시 흩어질 수 있었던 데에는 품질이 높아지고 선택의 폭이 다양해진 김치 제품들의 역할이 컸다. 여기에 이 김치들을 시간 내 신선하게 운반할 수 있는 물류 시스템이 가세했고, 김치를 덜 먹는 입맛의 변화도 한몫했다. 덕분에 김치 냉장고는 혼수 필수품목에서 빠졌다. 이제 김장이라는 리추얼이 우리 생활에서 사라지거나 간소화된다. 김장뿐이 아니다. 매일매일의 밥과 반찬 준비과정이 사라지거나 간소화되고 있다.

밥과 반찬을 시켜먹는 사람은 누구일까? 기혼 중년 남성이 대부분인 중역 회의에서 '식재료 배달 서비스'의 타깃을 정한다면 혼자 사는 싱글이 타깃으로 결정될 가능성이 높다. 조금 다른 이야기이지만 싱글용 가전제품을 고민하는 비슷한 중역회의에서 싱글용 작은 TV, 작은 냉장고, 작은 세탁기를 만들기로 결정한 적이 있었다. 하지만 가구 구성원이 적다고 해서 같은 비율로 작아진 제품을 원하지는 않는다. 싱글은 TV를 구매하지 않을 수는 있어도, 구매하기로 결심했다면 큰 TV를 산다. 자기만의 TV를 독차지하고 큰 스크린의 장점을 최고로 누릴 수 있어서다. 또한 이들에게 냉장고의 핵심은 크기가 아니라 디자인이다. 싱글의 집은 하나의 공간일 가능성이 높고, 그 안에 냉장고와 침대가 같이 놓인다. 그렇기 때문에 냉장고는 부엌 겸 거실의 한 켠을 늘 차지하는 가구로서의 역할도 해야 한다. 세탁기 역시 마찬가지다. 싱글이라 해도 빨랫감은 싱글이 아니다. 그들은 빨래를 그때그때 하는 것이 아니라 한 번에 몰아 하는 특성이 있다. 싱글에게 작은 세탁기는 턱없이 부족하다. 외려 작은 세탁기는 빨래양이 많고 세심히 분리 세탁하는 집의 세컨드 세탁기로 적당하다.

다시 식재료 배달 서비스로 돌아와서, '손질된 재료, 끓이기만 하면 되는 국과 찌개, 다양한 반찬을 배달시켜 먹는 사람은 혼자 사는 사람일 것이다'라는 판단 역시 잘못된 것이다. '혼자 먹으니까 일일이 하기도 귀찮고, 다양한 재료가 갖추어져 있지도 않고, 요리 스킬도 뛰어나지 않으니까 시켜먹겠지'라고 생각하는 것은 합리적으로 보인다. 하지만 실제는 그렇지 않다.

무엇보다 혼자 사는 사람은 제때 배달을 받을 수가 없다. 배달시간이 낮에 한정되어 있어서가 아니다. 배송은 밤부터 새벽 사이에 이루어진다. 오늘 낮에 주문하면 내일 새벽에 받을 수 있다. 하지만 싱글은 오늘 낮에 자신의 내일 일정을 알 수가 없다. 야근하다 편의점 도시락으로 저녁을 때울지, 조금 일찍 퇴근해서 제대로 해 먹을지, 친구 만나 근사한 맛집을 가게 될지 정해져 있지 않다. 싱글의 삶은 유동적인데 식재료 배달 서비스는 내일의 일정을 오늘 정하는 계획성을 요한다. 지금 전화하면 30분 내로 배달되는 즉석 배달음식이면 몰라도, 내일 먹을 음식재료를 주문하는 식재료 배달 서비스는 싱글에게 적합하지 않다.

반면 주부는 삼시세끼 준비에 시간과 노력을 덜 들이고자 하지만 어쨌든 일주일 내내 끼니를 마련해야 하는 임무를 띠고 있다. 주부는 밥 해 먹는 시간을 줄이고 내 시간을 갖고 싶으면서도 동시에 인스턴트 음식이 아닌 엄마가 직접 만든 요리를 먹이고자 한다. 식재료 배달 서비스는 장보기의 번거로움과 재료 손질의 어려움을 줄여주는 동시에 비닐류 봉지에 담긴 인스턴트식품에 대한 죄책감도 없애준다. 제대로 된 식당에서 포장해온 듯한 사골국과 밑반찬 3가지가 박스에 담겨서 아침 일찍 집 앞으로 배달된다. 송송 썬 파가 1인분씩 담겨 있고, 매콤 양념이 별도 포장되어 있고, 소금과 후추도 딱 필요한 만큼만 담겨 있다. 엄마는 밥을 하고, 사골국 포장을 뜯어서 우리 집 냄비에 넣고 다시 끓인다. 밑반찬을 우리 집 반찬 그릇에 옮겨 담고, 우리 집 수저와 밥공기를 놓고, 소금 간을 식구들 입맛대로 국그릇에 따로 넣어준다.

이 식사는 엄마가 차린 것인가? 배달 서비스 업체에서 차린 것인가? 엄마가 준비한 것이면서 동시에 엄마가 준비하지 않은 것이다. 적어도 한 끼 나가서 사먹은 것과는 다른 차원이다. 교묘하게 엄마가 준비한 것이면서 아닌 것이다. 3가지 밑반찬을 직접 만들고 국을 직접 끓였을 때 들었을 시간과 번거로움, 거기서 나왔을 설거지거리는 현저히 줄어든다. 무엇보다 남는 것이 없다. 밥을 해 먹는 귀찮음보다 더 큰 것이 설거지의 귀찮음이고, 설거지보다 힘든 것이 남은 재료 및 음식 처리다. 해 먹으려고 하면 파가 모자라고, 파를 사두면 결국 썩어서 버리게 되고, 한 끼 양만 만들어서 싹 먹어치우고 싶지만 어설프게 남아서 두 끼는 못 먹고 냉장고로 들어가게 된다.

식재료 배달 서비스(치킨이나 족발처럼 포장만 뜯고 곧바로 먹을 수 있는 음식을 배달하는 서비스와 구분하기 위해 '식재료 배달 서비스'라는 명칭을 사용하긴 했지만, 이쯤 되면 식재료라기보다는 거의 다 조리된 음식을 재료 단위로 분해해서 배달한다고 보는 것이 맞을 것 같다)의 최고의 가치는 '잔반 없음'이다. 대표적인 식재료 배달 서비스로 자리 잡은 '배민찬(배민프레시)'도 처음부터 주부 대상, 한 끼 식사를 핵심가치로 내세우지는 않았다. 배민프레시가 소셜미디어에서 입소문을 타게 된 계기는 2015년 '구룡포 과메기'를 판매하면서부터였다. 과메기처럼 해 먹기 힘든 별미 요리를 신선하게 배달해주며 소비자를 공략하기 시작했는데, 마치 현지의 농수산센터와 소비자를 연결해주는 인상을 준다.

"올 겨울 들어서 처음 먹은 과메기는 성공!! 배민프레시를 통해서 받은 샘물수산의 구룡포 손질 과메기 야채세트예요"

그다음에 소비자에게 강한 인상을 남긴 것은 2016년 1월 1일이다. 떡국 같은 손이 많이 가는 명절음식을 명절 당일 신선하게 배달해주자 감동받은 소비자가 자발적으로 입소문을 내기 시작했다.

"한참 늦잠자고 아침에 나가보니 현관 앞에 배민프레시 떡국 배달이

죠! 새해 첫날이라도 새벽 배송되었겠죠? 감동!"

"배민프레시 포장지는 모두 제거하고, 내용물만 챙기고 ㅋㅋㅋㅋ 시
댁으로 향합니당~"

특별한 음식, 특별한 이벤트 식단으로 입소문을 얻은 배민프레시
는 아이 간식과 반찬거리를 해결해주는 서비스로 자리 잡았다. 주
부들은 아이들을 위한 다양하고 건강한 간식거리, 믿을 수 있는 재
료로 만든 반찬을 배민프레시의 주요 상품으로 여기기 시작했다.
시중에 파는 가공식품보다는 수제 느낌에 가깝고, 직접 하는 것보
다는 번거롭지 않다.

"시중에서 파는 요거트에 대해서 불신이 있으시고 아이를 생각하시
는 어머님들께서 건강한 유기농 요거트를 찾고 계신다고 하면 배민프
레시 아침미소 수제요구르트를 추천해드리고 싶어요."

배민프레시의 새벽배송도 신선함에 대한 믿음을 준다. 새벽에 집
앞에 놓여 있는 박스는 식재료를 직접 보지 못한다는 기존의 우려
를 줄여주고 더 신선한 느낌을 준다. 마치 아침 일찍 배달된 신선한
우유 같다. 집에 쌓여가는 배송박스를 수거해가는 서비스도 좋은
반응을 얻었다.

주부들의 메뉴 선정을 돕는 배민프레시 밥상 세트는 주부들이 힘
들어하는 '오늘 뭐 먹지?'라는 고민을 덜어주는 한편 정기배송으

로 안정적 고객 확보에도 도움을 주었다. 현재 배민프레시의 수식어는 '모바일 넘버원 반찬가게'다. 이벤트에서 일상으로, 싱글에서 주부로, 메인 요리에서 반찬으로, 가장 기본적이지만 가장 번거로운 일을 해결해주는 방향으로 진화한 것이다.

정성은 밥집이 가져가고, 집밥은 효율을 가져온다

2014년이었다. 신사동 가로수길에서 조금 벗어난 곳, 모르는 사람은 못 보고 지나칠 '쌀가게'라는 작고 빨간 간판, 칠판에 쓰인 오늘의 메뉴, 여기저기서 알고 찾아와 기다리는 사람들. '홍신애 쌀가게' 앞 풍경이다. 오늘 도정한 쌀로 만든 집밥 같은 반상을 100인 한정으로 판매한다. 밥, 국, 제육볶음, 쌈채소와 쌈장, 오이지, 김치를 1인용 나무 트레이에 담아서 트레이째로 테이블에 놓고 먹는다.

불편한 의자, 트레이를 놓고 나면 조금도 여유가 없는 좁은 테이블, 깔끔한 디자인. 소위 정갈하다고 표현하는 '집밥 표방' 밥집을 처음 경험한 것은 그때였다. 이태원 파르크, 한남동 일호식 등 식재료는 신선하고, 조미료는 덜 쓰고, 의자는 딱딱하고, 1인분씩 나무 트레이에 나오는 밥집은 하나의 정형화된 포맷이 되었다. 가격은 9900원에서 1만 3000원 사이에 형성되어 있다. 가격이 너무 비싸다, 간이 너무 싱겁다, 쟁반은 음식 나르는 데 쓰는 것이지 식탁에 놓고 먹는 게 아니라고 솔직한(?) 의견을 표방하는 어르신들도 요새 밥집에서 다들 이러고 있으니 받아들일 수밖에 없다.

집밥 같은 밥집이 뜬 지는 오래되었다. 그런데 실제로 우리의 집밥이 이 밥집 같은 모습을 하고 있지 않다. 메인 반찬 한 가지와 부속 반찬 두세 가지, 국물 요리로 구성된 집밥은 실제 '집'에서는 점차 사라지고 있다. 그러면 집에서는 무엇을 해 먹을까?

'해 먹다'라는 키워드에서 두드러지는 메뉴는 국수, 카레, 비빔밥, 볶음밥, 샤브샤브, 스파게티, 스테이크 등이다. 이 메뉴들의 공통점은 무엇보다도 다른 반찬이 필요 없는 한 그릇 음식이라는 점이다. 조리 과정도 간단해서 재료를 볶거나 굽고 소스를 뿌려서 완성하거나, 재료를 데쳐서 소스에 찍어먹는다. 한식은 인풋 대비 아웃풋이 가장 안 나오는 식단이다. 다양한 재료를 우려내고, 숙성된 갖은양념을 넣어 무치고, 오래도록 끓여야 비로소 한 개의 반찬이 완성된다. 게다가 반찬 하나만으로는 한 끼를 완성할 수 없다. 그렇게 준비한 반찬이 몇 가지 더 있어야 하고 거기에 국물 요리 하나, 메인 요리 하나가 별도로 필요하다.

'집밥' 연관 키워드의 추이를 보면 2014~15년에 비해 2016~17년은 '엄마', '요리', '국물'이 하락하고 '메뉴', '맛집', '느낌', '소스'가 상승한 것을 알 수 있다. '엄마'가 '집'에서 '밥'을 중심으로 '요리'한 집밥은 밥집에서나 만날 수 있다. 특히 '국물' 요리는 안녕이다. 집밥은 '맛집'의 '메뉴'를 따라 하며, '소스'를 뿌려 완성하고, 사진 한 컷에 담길 수 있는 '느낌'이 중요하다.

어떤 면에서 오늘날의 집밥은 싱글의 식사방식을 닮아간다. 갖은

〈'집밥' 연관어 추이〉

	2014~15년		2016~17년(~8월)
1	밥	1	밥
2	집	2	집
3	맛	3	맛
4	음식	4	음식
5	김치	5	김치
6	저녁	6	저녁
7	**엄마**	7	**메뉴**
8	**메뉴**	8	오늘은
9	점심	9	**맛집**
10	반찬	10	반찬
11	**요리**	11	**엄마**
12	**맛집**	12	점심
13	고기	13	고기
14	하루	14	찌개
15	아침	15	아침
16	찌개	16	**요리**
17	배	17	하루
18	오늘은	18	**느낌**
19	식사	19	배
20	양파	20	왜
21	왜	21	식사
22	식당	22	재료
23	재료	23	식당
24	오랜만	24	오랜만
25	밥상	25	양파
26	주말	26	개
27	**느낌**	27	샐러드
28	샐러드	28	주말
29	레시피	29	물
30	된장찌개	30	밥상
31	입맛	31	계란
32	**국물**	32	양
33	계란	33	**소스**
34	양념	34	너무
35	야채	35	된장찌개
36	**소스**	36	**국물**

출처 | SOCIALmetrics™ 2014.01.01~2017.08.31 (Blog)

재료를 다 넣고 볶거나, 비비는 한 그릇 음식은 1인 식단에서 가장 선호되는 메뉴다. 싱글을 닮아가는 집밥이란 이를테면 이런 것이다.

하나. 30대 미혼 남 : 다이어트를 하고 있다. 아침저녁은 간단히 먹을 수 있는데 점심이 문제다. 회사에서 사람들과 어울려 먹으면서 식사 양이나 메뉴를 조절하기가 어렵다. 그래서 선택한 메뉴는 새싹비빔 밥. 1인분씩 별도 포장된 비빔밥용 채소는 백화점 식품관에서 구입할 수 있다. 가격은 비싸지만 그 채소들을 따로따로 구입하여 일일이 손질하고 조금씩 덜어서 다닐 수는 없다. 그래서 회사 탕비실 냉장고에 일주일치 채소와 고추장을 넣어놓고 다닌다. 비빔밥용 예쁜 도자기 그릇도 구비해두었다.

둘. 30대 미혼 여 : 프리랜서라 집에서 작업을 한다. 아침은 굶고 점심이나 저녁 중 한 번은 요리를 해 먹는다. 선호하는 요리는 샤브샤브. 1인용 샤브샤브 냄비와 우드워머로 식탁에서 이자카야 분위기를 낼 수 있다. 샤브샤브 채소와 고기도 예쁜 그릇에 담고 젓가락 받침대도 필수다. 식단이 만족스러울 때는 사진을 찍는다.

셋. 30대 기혼 남 : 아침은 토스트, 점심은 편의점 도시락. 저녁은 아내가 차려준다. 반찬은 동네 반찬가게에서 사먹는다. 아내는 아이 이유식을 만드느라 시간이 없다. 주말에는 마트에서 장도 보고 식사도 해결한다.

넷. 30대 기혼 여 : 아침은 뭐든 있는 걸 먹고, 점심은 회사에서 사먹고, 저녁은 스파게티를 하거나 스테이크를 구워 먹는다. 생선을 굽거나,

찌개를 끓이면 집안에 밴 냄새가 안 빠진다. 음식물 쓰레기 처리문제로 남편과 다툰 후 한식이 먹고 싶을 때는 나가서 사먹는다.

각기 다른 입장의 각기 다른 사람이지만 원하는 것은 '한 번에 해 먹고 한 번에 싹 치워야 한다'로 요약된다. 결과적으로 냄새, 음식물 쓰레기, 과한 설거지거리가 남는다면 집밥의 메뉴로는 불합격이다. '레스토랑'이 지고 '밥집'이 뜬다. 이벤트성 '외식'이 아니라 일상적인 '맛집' 탐방이 뜬다. 밥집은 핫한 맛집일 수도 있지만 맛집과 동의어는 아니다. 집밥을 대신 해주는 곳, 한 끼에 6000원에서 1만 몇 천 원까지 쓸 수 있는 곳이다. 정성은 밥집이 가져가고, 집밥은 효율을 가져온다.

밥을 해 먹는 데 시간을 덜 쓰게 되면 집안 풍경은 어떻게 바뀔까? 매일 반복되는 삼시세끼의 노고가 사라지면 엄마는 시간 여유를 느낄까? 아침, 점심, 저녁 시간의 의미가 달라질까?

간장, 된장, 마늘, 양파 등이 쌓여 있던 공간이 남고, 냉장고를 채우던 밑반찬과 식재료들의 공간이 남고, 주방에서의 노동시간이 감소한다면 주방은 어떻게 바뀔까? 집안 구조는? 거실과 주방이 앞베란다 쪽에 배치되는 2베이* 설계는 계속 유효할까? 식재료를 배달받기 위해 냉장시설을 갖춘 택배 보관함이 필수가 될까?

---

* 집의 관점에서 '베이(bay)'는 기둥과 기둥 사이 공간 중에서도 햇빛이 들어오는 공간을 가리키므로, 즉 발코니에 접해 있는 거실과 방의 개수를 뜻한다.

매일의 반복적 노동에서 해방되면 삶이 간소해질까? 엄마의 역할은 무엇이라고 정의될까? 결혼에 대한 생각도 달라질까? 삼시세끼 노고가 바깥쪽의 서비스 혜택을 누린다면, 그다음은 육아 차례가 아닐까?

유통은 어떨까? 신선한 식재료를 필요한 만큼만 그때그때 구입하는데도 여전히 사람들은 대형마트에 갈까? 냉동식품이 불량식품에 가까운 인스턴트식품이 아니라 가장 신선한 식재료의 한 형태가 되고, 나아가 냉동식품 전문매장이 생기지 않을까? 밥그릇, 국그릇 세트가 아니라, 한 그릇 음식을 담는 크고 예쁜 접시와 매트는 어디서 사는 게 좋을까? 반찬가게도 프랜차이즈 디저트 전문매장처럼 변할까?

집밥의 조건이 바뀌면 집을 지배하는 시간과 공간, 가족 구성원에 대한 기대도 바뀔 것이다. 무엇보다 우리 머릿속을 지배하고 있는 '4인 가족' 프레임에서 벗어나는 것이 급선무다. 실제로 한국사회에 1인 가구가 많아지고 있기도 하지만, 더 중요한 이유는 혼자 사는 사람의 삶의 방식이 그 외 사람들에게도 확장되고 있기 때문이다. 혼자 사는 사람이 4인용 포장을 사서 4번 먹기보다, 4인 가족이 1인분 포장을 4개 살 가능성이 높아졌다. 집밥의 변화는 많은 의미를 내포하고 있지만, 우선 가구경제의 기본 단위로서 4인 가족 프레임을 1인 가구 확장형으로 변화할 것을 요구한다.

'나이 듦'이 아니라 '귀찮음'

이런 흐름을 반영하듯, 거의 모든 회사 톱라인의 고민은 이것이다.

"1인 가구가 증가한다고 하는데 우리도 뭔가 해야 하는 거 아닌가?"

이때 1인 가구는 지금까지는 없었던 새로운 집단처럼 여겨지기 십상이다. 당신의 머릿속에 떠오르는 1인 가구의 이미지는 어떤가? 결혼해야 할 시점에 결혼하지 않고 취미로 피규어를 모으는, 사회성이 조금 떨어지는 20~30대의 모습은 아닌가? 혹은 지팡이를 옆에 두고 공원 벤치에 하릴없이 앉아 있는 독거노인은 아닌가?

노인 가구를 포함하여 우리 사회의 1인 가구 비중은 급속히 늘어날 것이다. 하지만 1인 가구 인구 비중보다 중요한 것은 1인 가구 같은 삶의 방식이다. 가족과 함께 살아도 1인 가구 같은 삶을 살아가는 사람이 많다. 혼자 사는 젊은 싱글뿐 아니라, 직장 때문에 혼자 지방에 사는 직장인, 가족들이 다 나가고 점심을 혼자 먹는 주부 역시 1인 가구 같은 삶을 산다. 노부부만 남은 노인 가구의 삶도 물론 마찬가지다.

이때 고려해야 할 것이 있다. 그들의 '나이 듦'이 아니라 '귀찮음'이다. 다시 말해 신체적 조건이 아니라 시간 들이지 않고 좋은 결과를 얻고자 하는 기대를 먼저 고려해야 한다. 고령층은 경제적 능력이 현저히 떨어지는 경우가 아니어도 빵이나 라면으로 끼니를 때우기 일쑤다. 돈이 없어서가 아니라 입맛과 기력이 없고 자기 혼자만을 위해 밥상을 차리는 데 익숙하지 않아서다. 모임이 있어 다양한 사람들과 만나기라도 한다면 같이 식사할 기회가 있는데, 그렇지 않은 경우는 귀찮아서 식사를 거르는 경우가 많다. 모임 때마다 식사를 맛있게 잘 드셔서 건강하시다고 생각했는데 나중에 알고 보니 평소 거의 안 드시다가 모임에서만 많이 드신다고 해 깜짝 놀랐다는 사례도 있다. 노인층은 새로운 제품이나 서비스에도 접근이 어려워서 반조리 제품을 주문하는 일도 쉽지 않다. 복지회관에서 노인 가구를 방문할 때 사골국 일회용 포장을 사서 가는 경우가 많은데, 반조리 제품의 존재를 모르고 있는 경우가 의외로 많다고 한다.

8시간 동안 정성스럽게 고아낸 깊고 진한 맛을 담은 사골국은 우리 집에는 존재하지 않는다. 시간, 정성, 깊음, 진함은 마트 진열대의 일회용 포장지 속에, 집밥을 표방하는 밥집의 메뉴 속에 있다. 1인 가구를 기반으로 한 제품과 서비스에 대한 아이디어와 상상력이 필요한 시점이다. 그 제품과 서비스는 인구통계학 기준의 1인 가구에만 해당하지 않는다. 1인 가구 확장형으로서 4인 가구를 꾸려가고 있는 모든 가구가 집밥을 아웃소싱하는 제품과 서비스에 주목하고 있다.

❶ 엄마에 대한 이미지를 바꿔라.

김혜자 이미지에서 엄마를 찾지 말라. 정성을 담은 엄마표 도시락은 편의점에만 있다.

❷ 엄마를 아웃소싱하라.

모든 과정을 직접 하는 것은 이미 엄마들에게도 정답이 아니다. 엄마의 귀찮음을 등한시하지 말라. 최소한의 시간과 노력으로 최대의 효과를 주는 서비스와 제품이 있다면 엄마들도 반기지 않을 이유가 없다.

❸ 4인 가족 프레임을 버려라.

혼자 살든 같이 살든 1인 가구를 겨냥한 제품과 서비스를 이용할 가능성이 높다. 1인 가구 확장형으로서 4인 가족을 이해하라.

**❹ 고령화 사회가 아니라
1인 가구 사회로 인지하라.**

노인 가구는 1인 가구다. 신체적 나이 듦보다 의지와 능력은 별로 없는데 혼자 끼니를 해결해야 하는 정신적 귀찮음을 먼저 고려해야 한다.

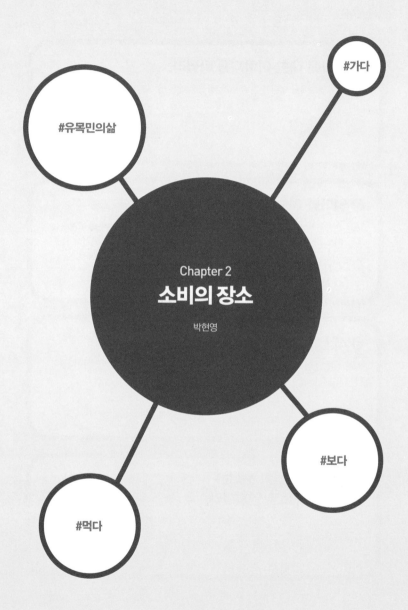

#가다

#유목민의삶

Chapter 2
소비의 장소

박현영

#보다

#먹다

모두 '다'를 위해 뭐든 '다' 있다

━━━━━━━━━━━━━━━━ 다이소를 눈여겨보기 시작한 것
은 2014년 싱글(스스로를 '자취생'이라 부르는 비교적 젊은 나이대의 1인
가구) 라이프스타일을 연구할 때였다. 싱글은 다른 집단만큼이나
인테리어에 관심이 많았는데, 구체적인 관심 분야에서는 차이를 보
였다. 전체 평균에 비해 유독 싱글 집단에서 발현 건수가 높은 인테
리어 관련 키워드는 다음과 같다.

침대, 선반, 식탁, 벽지, 다이소, 커튼, 이케아, 스탠드, 책상, 소파.

일단 싱글은 대부분의 일을 '침대'에서 해결한다. 침대는 가구인
동시에 공간이다. '식탁'이자 '책상' 역할을 하는 테이블도 싱글
인테리어에서 중요한 요소다. 자기 소유의 집이 아니고 1년 단위로
이사하기에 공간 분위기를 바꾸기 위해서는 주로 '커튼'을 활용하
고 조금 더 나아가면 '벽지'를 바꾼다. 이러한 싱글 주거공간 인테
리어를 위해 거쳐가야 하는 필수 코스가 '다이소'와 '이케아'다.

이케아는 2014년 말 광명점을 시작으로 한국에 문을 연 뒤, 인테리어에 대한 한국 소비자의 안목을 바꾸어놓았다. 하지만 DIY 방식의 가구류보다는 소품이 주로 관심을 받았고, 이케아 스타일을 표방하는 다른 브랜드의 미투 제품들이 오히려 덕을 본 경우가 많다. 소셜미디어에서도 이케아에 대한 관심은 2015년 정점을 찍은 후 하향세를 보인다. 반면 스스로 진화 발전하여 자기 브랜드로 골목골목을 침투한 다이소는 2013년 이후 꾸준히 증가세를 이어가고 있다.

다이소의 정체는 무엇일까? 단적으로 말해 다이소는 '수납용 바구니 파는 곳'이다. 이제 막 독립한 사람은 수납공간이 절대적으로 부족한 좁은 집에 살 가능성이 높다. 가구는 침대와 책상 겸 식탁뿐인데 이런저런 물건들이 좁은 공간에 어지럽게 늘어질 수밖에 없다. 이들을 위한 단골 조언은 수납 바구니를 사서 침대 밑이나 신발장에 정리하라는 것인데, 이때 늘 등장하는 것이 다양한 크기의 1000~2000원대 다이소 수납 바구니다. 그래서 다이소는 싱글들의 필수 코스가 되었다.

> "〔제목 : 싱글라이프 입주 D-4! 체크리스트!〕 드디어 입주 D-4! 주방
> 살림들은 모두 엄마가… 이제, 다이소 한 번 다녀오고, 천천히 침대랑
> 책상 들여오면 쾌적하게 살 수 있을 듯하다!"

싱글들을 위한 생활용품 보급창고, 그러던 다이소가 변하고 있

〈'다이소', '이케아' 언급 추이〉

(10만 건당 언급량)

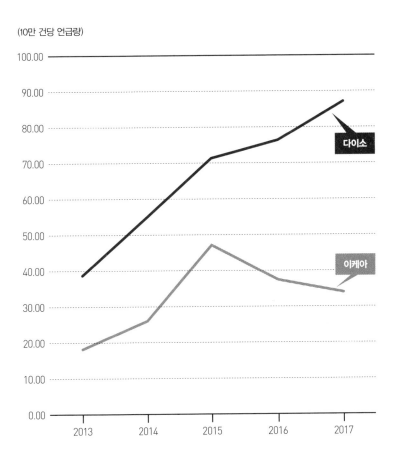

출처 | SOCIALmetrics™ 2013.01.01~2017.08.31 (Blog)

다. 다이소는 더 이상 싱글들에게만 유효한 소비장소가 아니다. 더욱이 그 진화의 방향은 사람들이 무엇에 돈을 쓰고 어떤 식으로 소비하는지 현재 소비 트렌드를 정확히 보여주고 있다. 한 줄로 요약하면 이렇다. '이쁜 것, 잼있게, 구경하는 곳.'

첫 번째 진화 방향은 '선구매 후쓸모'다. 상승 키워드는 '귀엽다', '이쁘다', '예쁘다.'

"다이소에서 예뻐서 샀는데 어디 쓰지? ㅋㅋㅋㅋ오므라이스 같은 거 먹을 때 써도 되려나?"

"다이소 스티커 좋나 귀엽네… 애네 이름 모르는데 귀여워서ㅜ 걍 샀어ㅜ좋나 기여워."

"다이소 플라밍고디퓨저 써본 사람?? 통이 이뻐서 샀는데 괜찮나요?"

'예쁘다'는 것은 그 자체로 절대적 가치다. 만약 당신의 회사에서 경쟁사 제품과 자사 제품의 스펙을 1대 1로 비교하면서 자사 제품이 조금 더 나은 스펙을 갖추게 만들거나, 자사 제품에 대한 불만사항을 하나하나 고쳐가는 식으로 제품을 개선하고 있다면 '매력'의 문제를 다시 생각해보아야 할 것이다. 선택은 '그렇기 때문에' 되는 것이 아니라 '그럼에도 불구하고' 이루어진다. 애인을 선택하거나, 직원을 뽑을 때를 생각해보자. A와 B의 선택지를 작은 요소로 분해해서 항목별 점수를 매기고 합산점수가 가장 높은 사람을 선택하는 것이 아니라, 몇 가지 단점이 있지만 꼭 필요한 그 한 가지 때문에 그 사람을 선택하게 된다. 그것이 '매력'이다. 취업 준비할 때도 마찬가지다. 이력서 평가에 붙은 스펙을 나열하고 부족한 부분을 메우기보다는 남들이 가지지 않은 나만의 매력 한 가지를 만드는 것이 취업의 확률을 더 높이는 방법이다. 라이프스타일 리서처를 뽑는다면 인성, 학점, 토익에서 평균 이상의 점수를 보유하고 있는 사람이 아니라, 보기 드물게 노인 자살에 대한 인류학적 연구를 하고 있는 사람을 고려할 가능성이 높다.

지금 대한민국은 다양한 매력 중에서 '예쁜' 것에 가장 높은 점수를 주고 있다.

2011년 말부터 이탈리아 브랜드 스메그 냉장고에 대한 관심이 급상승했다. 한국산 냉장고의 감성이 '스마트하다', '편리하다'를 향하고 있을 때, 스메그 냉장고는 '사랑스럽다', '예쁘다', '귀엽다'는 감성 영역을 독보적으로 보유했다. 300리터도 안 되는 작은 냉장고를 300만 원이나 주고 누가 사겠냐고, 기술적 R&D는 안 하고 디자인에만 투자하는 냉장고를 어떻게 믿을 수 있냐고, 한국 사람은 무조건 큰 냉장고를 선호한다고 믿었던 국내 냉장고 제조사 관계자도 이제는 생각을 바꿀 수밖에 없다. 스메그 냉장고가 많이 팔리고 있으며, 드라마나 카페의 팬시한 디자인 속에는 언제나 스메그 냉장고가 자리를 차지하고 있다. 혼수로 스메그를 고려하는 사람도 급증하고 있다. 친정엄마의 반대에 부딪혀 현실은 한국산 냉장고를 구입하는 경우가 여전히 많지만 스메그 냉장고가 선택될 가능성은 앞으로 더 높아질 것이다.

세제도 예뻐야 한다. 욕실 인테리어를 은은한 톤으로 바꾸고 나면 가장 거슬리는 것이 새파란 광택의 치약이다. 그래서 순전히 디자인 때문에 한 개에 1만 원 하는 해외 브랜드 치약을 구입한다. 세탁실의 세탁세제, 주방의 주방세제, 욕실의 바디샤워 포장지를 감싼 형광노랑, 주황, 파랑, 초록은 인테리어를 해칠 수밖에 없다.

대한민국의 디자인 감각이 높아졌다. 예쁜 것은 옵션이 아니고 가장 우선하는 선택의 기준이다. 1000원대 가격으로 구입할 수 있는 예쁜 것들, 어디에 쓸지 몰라도 소비자는 지갑을 연다. 수납 바구니 파는 곳으로 출발한 다이소는 '예쁜 것들'의 집합소로 진화하면서 소비자의 각광을 받고 있다.

두 번째 진화 방향은 '부자가 된 기분, 탕진잼'이다. 상승 키워드는 '지르다', 하락 키워드는 가격 관련 담론인 '저렴하다', '싸다', '비싸다', '싸구려'다.

"다이소에서 문구류만 4만넌치 질렀어. 존나 부자 된 기분이야."

"다이소에서 존귀인형 발견ㅇㅅㅇ 5000원이라 비싼 것 같은데 그냥 지름…"

"한 다발에 2000원씩… 다이소 물건치고는 좀 비싼 가격… ㅋㅋ 하지만 전 3다발이나 샀답니다… ㅎㅎ"

잼중잼(재미 중 재미)은 '탕진잼'이다. 탕진잼은 수중에 가진 돈을 모두 탕진하면서 느끼는 재미다. 탕진잼은 주로 소소한 물건을 여러 개 잔뜩 사는 쇼핑, 가진 돈 다 쓰는 여행, 인형 뽑기에서 느낄 수 있다. 가진 돈이 정말 많으면 쉽게 탕진할 수 없지만 이래도 그만 저래도 그만인 돈이라고 생각하면 모두 소진해버릴 수 있다. 그러면서 부자가 된 기분, 통 큰 재미를 느끼고 스트레스를 날린다.

'쓸모'의 관점에서 보면 효과적인 소비가 아닐 테지만, '행복'을 구매한다고 하면 3만 원을 어떻게 쓰는 것이 행복을 극대화하는 것인지는 전적으로 개인에 따라 다르다. "호텔로 커피를 마시러 가자고 하면 3만 원씩이나 주고 미쳤냐는 소리를 듣는다. 하지만 3만 원의 가치는 충분히 있다. 여유를 찾고, 그곳에서만큼은 품격을 가질 수 있는 '가치'다." 이렇게 해서 호텔 커피에 '가성비' 등식이 성립한다. (이와 관련해서는 4장을 참조하기 바란다.)

세 번째 진화 방향은 '구입 말고 구경'이다. 상승 키워드는 '구경하다', '사진 찍다'이며, 하락 키워드는 '득템'이다.

"#다이소구경삼매경, 귀마개만 샀었는데 구경하다 1시간이나 보냄ㅋㅋ"

"점심시간에 8층 다이소 구경 갔다 왔어요. 산 건 별로 없지만 신나더라고요 ㅋㅋㅋㅋ"

"가끔 심심풀이 구경 가는 곳 다이소~ 살 거 없어도 이것저것 보다가 충동구매로 이어지기도 한다."

다이소에는 유명한 시그니처 아이템들이 있었다. 그러한 아이템의 구매처인 다이소였는데, 이제는 점차 물건보다는 장소성 자체가 중요해지고 있다. 시간을 보내는 장소로서 다이소가 선택된다. 손님이 물건은 사지 않고 구경만 하다 가면 가게 입장에서는 손해일까? 소셜미디어에서 큰 이슈가 된 작은 책방의 매출은 SNS 포스팅 수와 비례하지는 않는다. 사진으로 찍어 올리기에 워낙 예쁘고 구경하기 좋은 곳이지만 반드시 책을 사는 것도 아니고, 산다 해도 가벼운 책 한 권이 전부다. 하지만 이 책방이 자신의 브랜딩을 꾸준히 이어가면서 이를 통해 새로운 비즈니스를 한다면, 사람들이 구경만 하고 간다고 해서 반드시 손해는 아니다. 다이소의 경우는 구경이 매출로 이어지는 경우가 많아 구경만으로도 이익이고, 무엇보다 손님의 폭을 넓히는 데 '구경'은 큰 몫을 했다. '득템할 수 있는 곳'에서 '구경하기 좋은 곳'으로 진화하면서 진입 장벽이 낮아진 것이다. 이로써 다이소는 문구점, 생활용품점, 팬시점, 철물점, 화장품 가게까지 겸하는 장소, 초등학생부터 어르신들까지 모두 다를 위한 곳으로 진화했다.

핫한 장소의 핵심적 가치인 '보다', '가다', '먹다' 중에서 다이소는 2017년 현재 '보다', '가다'를 겸하고 있다. 다이소의 마지막 진화 방향은 '먹다'가 될 것이다. 현재에도 수입과자를 포함한 다양한 과자, 음료를 팔고 있고, 온라인 다이소몰의 베스트 상품은 먹거리가 차지하고 있다. 편의점과 더불어 골목을 지키고 있다는 점도 먹거리 판매에 유리하다. 살아 있는 꽃이 아니라 조화(造花)와 더 잘 어울리는 다이소의 특성상 신선식품은 아니더라도 가공식품은 충분히 특화될 수 있다. 다이소가 대한민국 골목골목을 차지하고 명실상부한 생활쇼핑 1번지가 된다면 다이소에서 '반조리된 저녁식사'를 사지 못할 이유가 없다. 나이, 성별, 수입과 무관하게 누구나 쉽고 즐겁게 구경했던 경험, 우리에게 그 경험을 선사했기에 다이소의 생존 가능성은 매우 높다.

이마트, 코스트코, 다시 이마트

대한민국 1등 마트는 어디일까? 매장의 개수나, 매출의 규모나, 경험적으로 보고 느꼈던 면에서나 단연 1등 마트는 '이마트'다. 하지만 2016년까지 소셜미디어 상에서 더 많이 언급된 마트는 '코스트코'였다. 전국 13개, 서울에 단 두 개 매장만 있는 코스트코가 전국 146개, 서울에만 29개 매장을 보유한 이마트보다 더 많이 언급된다는 것은 아무리 경험과 언급이 일치하지 않는다 해도 큰 차이다. 무엇이 이 차이를 만들었을까? 코스트코는 어떻게 저렇게 많이 언급될 수 있었을까? 전체적으로도 코스트코는 이마트보다 더 많이 언급되지만, 그중에서도 남성보다 여성이, 다른 여성보다 젊은 주부들이 코스트코를 훨씬 더 많이 언급한다. 왜일까?

"짜잔! 영국 어학연수 시절 즐겨먹었던 구성으로 이름하여 호밀빵 3
종 세트. 코스트코의 짐승용량으로 친정엄마와 반반씩 나눈 호밀빵.
요 라즈베리잼은 이마트, 홈플러스에선 안 팔았는데 역시 코스트코에
서는 쉽게 구할 수 있었다."

위의 짧은 글에서 우리는 3가지 사실을 알 수 있다. 이 글을 쓴 사
람은 영국으로 어학연수를 다녀왔다. (내용물을 반반씩 나눈 걸로 보아)
작성자는 코스트코 특유의 대용량이 필요한 것은 아니다. 작성자는
코스트코에서만 팔고 있는 특별한 라즈베리잼을 알아보는 사람이
다. 이 글은 코스트코에서 팔고 있는 호밀빵과 라즈베리잼에 대한
정보를 주기 위해 작성되었을까? 아니면 은연중에 작성자가 영국
어학연수를 다녀왔다는 사실을 말하기 위해 작성되었을까?
　코스트코는 나의 해외 경험과 해외 브랜드에 대한 안목을 보여주
기 좋은 장소다. SNS가 일상의 기록이긴 하지만 평범한 장보기만으
로는 글을 남길 명분이 없다. 하나의 포스팅이 되기 위해서는 장보
기에 무언가가 하나 더해져야 한다. 하다못해 날이 하도 더워서 마
트로 에어컨 바람 쐬러 갔다는 스토리라도 있어야 하나의 포스팅
이 된다.
　코스트코 포스팅에는 영어가 써진 식품들이 잔뜩 쌓인 카트가 있
다. 식품만 있는 것이 아니다. 두꺼운 스테이크용 고기와 바비큐 그
릴, 대용량 다우니 세제, 양키 캔들은 미국 코스트코에서도 똑같이
볼 수 있을 것만 같다. 반면 이마트 포스팅에는 카트에 우리 아이가

카트에 아이가 타는 육아의 이마트   카트에 냉동식품이 가득한 득템의 코스트코

타고 있다. 배경으로는 휴지와 라면이 보인다. 사진은 글보다 많은
말을 한다. 코스트코에 가는 '나'는 외국 제품을 알고 있고 그 제품
들을 좋아하는 '나'다. 같은 '나'이지만 이마트에 가는 '나'는 육아
를 하고 있는 엄마다. 이마트는 장보는 곳, 여행 준비하는 곳, 육아
하는 곳, 문화센터가 있는 곳, 동물병원이 있는 곳이었다.

　그런 이마트가 변했다. 다양한 육아 콘텐츠를 체험해볼 수 있는
'베이비 엔젤스', 각종 피규어들을 한눈에 볼 수 있는 '일렉트로마
트', 반려동물을 보고 만질 수 있는 '몰리스'가 들어선 이마트타운
이 되면서 이마트는 장보기뿐 아니라 여가의 의미에서 '나들이',
'데이트', '볼거리', '물놀이', '강아지'와 연결되기 시작했다. 장보
는 장소가 아닌 특별한 체험의 장소가 되었다. 이마트타운으로 대
표되는 진화된 이마트는 이제 남편이 먼저 가자고 조르는 곳이 되

었다.

물론 이 모든 것이 한순간에 일어난 변화는 아니다. 일산에 이마트타운이 들어선 것은 2015년의 일이다. 2년도 넘었다. 사람들의 인식은 하루아침에 바뀌지 않는다. 비교적 빠르게 움직이는 소셜 미디어에서도 이마트가 코스트코를 앞지른 것은 2017년 들어서다. 물건 파는 곳이 아니라 경험을 주는 다양한 매장들이 들어서고 사람들의 경험이 축적되면서 이마트는 '보다', '가다', '먹다' 3종 키워드의 연관장소로 무사히 남게 되었다. 다이소와 함께 이마트가 주는 교훈은 확실하다. 쇼핑보다 구경을 추구하라. 소비자의 지갑이 아니라 시간을 잡아야 한다.

선택의 아웃소싱

━━━━━━━ 다양한 기업들과 일을 하다 보면 다른 회사에 방문할 일이 많다. 미팅을 위해 준비된 음료는 그 회사의 자판기가 무엇인지를 보여준다. 조지아 커피, 스프라이트, 미닛메이드는 C사 자판기가 구비되어 있다는 뜻이다. 레쓰비, 식혜, 게토레이는 다른 회사 자판기다. 어느 회사의 자판기를 선택하느냐는 회장님의 취향일 수도 있고 총무부의 편의에 의한 것일 수도 있다. 하지만 일단 자판기를 선택하고 나면 자판기 안의 구체적인 품목은 자판기 공급자에 의해 결정된다.

자판기는 채널 선택지가 좁은 사람들의 행동반경 1km 안으로 들어간 박스 형태의 채널이다. 이 채널에서는 소비자보다 공급자의 선택권이 높아진다. 자판기에는 모든 브랜드를 넣을 수가 없다. 공급자의 큐레이션에 따라 선택의 폭이 제한된다. 한쪽에서는 하루 종일 둘러보기에도 벅찬 대형 쇼핑몰이 생겨난다. 없는 것이 없고, 광역 상권 개념을 넘어 전국 각지에서 구경하러 몰려오는 현상이 발생한다. 그런가 하면 한 개의 브랜드 제품으로만 구성된 식료품점도 생겨난다. 노브랜드숍은 초코칩 쿠키부터 세탁세제까지 노브랜드라는 브랜드 제품만 팔고 있다. 공급자가 선별한 제품만으로 구성된 한정된 선택지의 박스 채널, 자판기는 늘어날까? 줄어들까?

소셜미디어 상에서 보면 자판기 담론은 지금도 늘고 있다. 집 앞의 편의점만 가도 없는 게 없는데 한정된 형태의 자판기에 관한 이야기가 늘어나는 이유는 무엇일까?

자판기 담론을 견인한 것은 '일본 여행'이다. '버스' 정류장이나 '역' 앞에서 만날 수 있는 '커피' 자판기에 관한 언급은 줄어드는 반면, '일본' '여행'에서 만나는 '한국'에는 없는 독특한 자판기가 사람들의 눈길을 끈다. 도쿄에 생긴 핫한 쇼핑몰, 긴자식스에 있는 샤넬 립스틱 자판기, 일본에서 시작해 미국 공항까지 진출한 유니클로 자판기 등 일본은 알려진 것처럼 자판기 천국이다. 점원을 만나지 않고, 상품을 직접 보지 않고, 버튼을 눌러 물건을 주문하는 온라인 쇼핑몰도 일종의 자판기다. 결제 후 내 손에 물건이 오기까지 시간이 걸린다는 차이를 제외하면 온라인 쇼핑몰 역시 공급자의 큐레이션이 소비자의 선택보다 중요한 박스형 채널이다.

박스형 채널은 말하자면 소비자의 선택을 공급자의 큐레이션으로 아웃소싱한 형태다. 최근 의류 소비에서 가장 중요한 채널로 부상하고 있는 '블로그 마켓'은 선택이 어떻게 아웃소싱될 수 있는지 여실히 보여준다. 블로그 마켓은 블로그를 기반으로 하는 개인 의류판매 채널을 말한다. 블로그 마켓의 진화는 이러하다. 인스타그램이나 블로그에서 맛집탐방, 여행, 패션, 뷰티 등을 주제로 일상을 담은 포스트를 생성하기 시작한다. 블로그와 인스타그램을 연동하여 이웃, 팔로워 수를 늘려나간다.

그런 다음 일상에서 시작한 콘텐츠 영역을 점점 나의 제품으로 좁혀간다. 화장품, 옷 등 특정 아이템을 주제로 게시판을 만들어 집중적으로 포스팅한다. 인스타그램에 올릴 때에는 데일리룩 사진 한 장 수준이었지만, 블로그에서는 구체적인 데일리룩 소개와 일상을 공유할 수 있다. '사진에 나온 제품 어디 건가요?'라는 댓글이 붙기 시작하면 성공이다. '문의가 많아 브랜드 공개합니다'라는 소개글로 시작해 팔릴 만한 제품을 한두 개씩 판매해보다가 규모를 확장한다. 그렇더라도 계절별 한두 세트이지 다양한 브랜드를 다루거나 전 품목을 커버하지는 않는다. 시즌 한정, 한정된 품목을 풀코디 세트로 주문받고, 일괄 배송하고, 다음 시즌을 준비한다. 여기서 더 나아가면 제품 규모나 영역을 넓혀 오프라인 쇼룸이나 본격적인 쇼핑몰을 오픈한다.

블로그 마켓은 정보 제공에서 시작해 판매로 이어지는 전형적인 예다. 소비자가 구매하는 것은 의류 품목이 아니라 공급자의 안목이다. 블로그 마켓을 이용할 때는 나와 비슷한 라이프스타일을 가진 셀러브리티이자 셀러를 선호하며, 한번 선호하게 된 마켓은 단골이 되어 반복 구매한다. 이때 라이프스타일이란 '주로 가는 장소', '나이', '결혼 유무', '좋아하는 브랜드'를 포함한다. 생활반경은 나와 비슷하고, 안목은 나보다 높은 셀러에게 내가 필요로 하는 상황에 맞춤화된 코디를 제공받는 것이다. 그들에게서 아이 데리고 문화센터에 갈 때 입는 문센룩, 출근할 때 입는 오피스룩, 친구 결혼식을 위한 하객룩, 동네 언니와 차 한 잔 마시는 마실룩을 구매한다.

"제가 ○○○ 마켓을 이용하는 가장 큰 이유는… ○○○ 마켓 aa 언니(셀러)랑 제가 나이가 비슷해서 그런가? 요즘 결혼식 갈 일 진짜 많은데 하객룩 완전 뿅 뽑았어요."

"○○○ 마켓 완전 사랑하는 1인입니당… 워킹맘인 저로서는 백화점 갈 시간이라곤 찾을 수가 없는데 고민 안 하고 ○○○ 언니(셀러) 코디대로 지르면 되니까요 ㅎㅎ 홈웨어도 예쁜 거 올려주서서 따로 옷 살 일이 없어요."

"옷 차려입을 일이 별로 없지만 근처 나가거나 누구 잠깐 만날 때 뭔가 평범한 듯 예쁜 옷들을 입고 싶잖아요ㅎㅎ 근데 ○○○ 마켓이 저한텐 잘 맞는 거 같아요ㅎㅎ 평범한 데일리룩인데 살짝 더 예쁜? 암튼 요즘은 옷을 마켓에서만 사네요."

대학생이나 20대 직장인이라면 캠퍼스룩, 캐주얼 오피스룩을 선택하고, 30대 주부라면 홈웨어, 경조사, 문화센터의 데일리룩을 선택한다. 데일리룩이라도 편안함, 조금 꾸밈, 많이 꾸밈까지 나누어서 커버한다. 다양한 컬렉션을 보유한 값비싼 브랜드나 기본 아이템을 최고의 가성비로 제공하는 SPA 브랜드가 커버할 수 없는 독자적인 영역이다. 소비자는 라이프스타일이 나와 일치하고 나보다 조금 안목이 높은 셀러만 선택하면 된다. 소비자가 원하는 것은 선택의 과정이 아니라 최선의 결과다. 믿을 만한 공급자의 자판기식 판매는 선택의 '제한'이 아니라 새로운 '제안'이 된다.

물리적으로 행동반경이 제한된 사람들에게도 자판기식 판매는 유용하다. 이런 차원에서 기동력이 없거나, 기동력을 쇼핑에 사용하지 않는 사람들을 위해 사람들의 행동반경 속으로 깊숙이 파고든 자판기식 매장을 상상해본다. 여기서는 다양성을 모두 갖추기 어려워서가 아니라, 다양성을 갖출 필요가 없어서 한정된 품목을 제공한다. 한정한다는 것은 '딱 맞춤'을 의미한다. 예를 들어 비슷한 경제적 수준의 70대 1인 가구가 밀집해 있는 지역에서는 고령층이 좋아하는 레토르트 식품, 간식거리, 건강음료를 갖춘 식료품점이 들어서면 된다. 포장지는 큰 글씨로 되어 있고, 조리법은 간단하고, 제품은 소포장되어 가볍게 만들어져 있다. 아예 한 브랜드에서 관련 식품을 시리즈로 내놓고 자사 제품만 판다고 해도 무리가 없다. 매일의 식단은 공급자가 정하고 소비자의 집 앞으로 배달을 해줘도 괜찮다.

우리 회사 제품은 누구를 위한 박스 안에 들어갈 것인가? 어떤 제품들과 함께 들어갈 것인가? 어떤 라이프스타일을 지닌 사람의 어떤 상황에 꼭 들어맞을까? 여기에도 적합하고 저기에도 적합하다면 활용 폭이 그만큼 넓다는 의미인 동시에, 꼭 내가 아니어도 된다는 의미다. 누구나 가지고 있는 흰색 베이직 셔츠가 아니라면, '찬바람 불기 시작한 10월 둘째 주 월요일 출근룩으로 흰색 셔츠, 노타이 위에 입을 카디건'이라고 우리 제품의 존재 이유를 밝힐 수 있어야 한다.

유목민들의 오아시스, 편의점

편의점이 뜬 것은 어제오늘 일이 아니다.《2018 트렌드 노트》에서 다루는 트렌드가 이전에 없었다가 새롭게 나타난 현상이라면 편의점을 굳이 다룰 필요는 없다. 하지만 트렌드는 2017년에 아무도 몰랐는데 2018년에 혜성처럼 나타날 그런 키워드가 아니다. 트렌드는 큰 흐름과 경향성이며, 그 흐름을 잘 보여줄 수 있는 상징적인 현상이 있다면 언어의 경제성을 고려해 '키워드'라는 형태로 표현할 뿐이다.

소셜미디어에서 편의점의 상승이 포착된 것은 2013년부터였다. 이후 유통업에서도 편의점에 주목하고 있다. 일례로 신세계그룹이 자사 편의점 상호를 '위드미'에서 '이마트24'로 바꾸고 공격적인 투자를 하기로 했다. 트렌드라고 말하기에 편의점은 새로울 것이 없어 보이지만, 우리가 짚고 넘어가지 않을 수 없는 이유는 편의점이 보여주는 삶이 우리의 현재와 변화 방향을 잘 보여주고 있기 때문이다.

편의점은 남성들이 좋아하는 채널이다. 여성들의 먹거리 쇼핑채널의 반 이상이 마트인 반면, 남성들의 1등 먹거리 쇼핑채널은 편의점이다. 여성들은 커피, 과자, 음료 등의 간식을 구매하기 위해 편의점에 들르는 반면, 남성들은 주로 도시락, 라면, 삼각김밥 등 끼니를 해결하기 위한 목적으로 편의점을 찾는다. 담배나 주류 등 기호식품을 구매하는 장소임은 물론이다. 편의점이 간단히 끼니를 해결하는 장소에서 질이 결코 낮지 않은 한 끼 식사를 제공하는 곳으로 진화하고 있다는 것은 1장에서 살펴본 바와 같다. 여기서 주목할 편의점에서 엿보는 삶의 진화 방향은 3가지다. 최소한의 인간관계, 부스러기 성공들, 유목민적인 삶. 하나하나 살펴보기로 하자.

편의점 점원이 손님에게 아는 척하는 것은 반칙이다. 무심코 담배를 사는데 '담배 바꾸셨네요'라고 손님의 담배 취향을 알고 있는 내색을 하거나, '오랜만이네요' 하며 손님의 방문주기를 체크하는 인상을 준다면 그 점원은 친절하다고 칭찬받기보다는 규칙을 어겼다고 경고를 받을 것이다. 손님 역시 마찬가지다. '가장 맛있는 도시락을 추천해주시겠어요'라거나, '오늘 커피를 너무 많이 마셔서 커피 대신 탄산음료 샀어요'라고 점원의 추천을 요구하거나 자신의 상황을 지나치게 설명하는 것도 규칙 위반이다. 실제로 규칙이 있다는 것은 아니다. 인간관계 사이의 암묵적 규칙이다. '사생활에 간섭하지 않기', '알아도 내색하지 않기', '불필요한 설명을 요구하지 말고 하지도 말기.'

편의점 점원과 손님이 맺는 최소한의 인간관계는 회사 동료 사이, 스터디 모임의 친구 사이, 명절 때 만나는 친척 사이에도 적용된다. 그러니 이제부터 규칙에 대한 이해도가 달라서 어떤 태도를 취해야 할지 모를 때는 편의점을 생각하시길. 물론 편의점에서도 허용되는 말이 있다. '○○○ 어디 있어요?', '○○○ 얼마예요?', '멤버십 회원입니다' 같은 말은 해도 된다. 편의점에 물건을 사러 왔으므로, 구매와 관련된 질문은 해도 된다. 다른 곳에서 나의 정체성에 대해 말할 때에도 편의점의 맥락에 비추어 이야기하면 된다. 그러나 나의 사생활과 커피 취향은 대화의 주제가 아니다. 그 장소에 꼭 맞는 주제로 대화하고, 그 장소에 필요한 정체성만 공유하는 사이. 편의점에서 새로운 인간관계 규칙을 배운다.

편의점은 신상품을 체험하는 장소다. ○○ 사러 갔는데 새로운 게 있기에 호기심에, '2+1'이라기에, 지난 번 것은 이랬는데 이번 것은 어떤가 싶어 한번 먹어보게 된다.

우리 시대의 선(善)은 새로움이다. 새로움 그 자체가 가치다. '먹어보다', '시도하다', '찾아보다'라는 단어의 빈도가 계속 증가하고 있다. 좋아서 먹는 게 아니라 새로워서 먹어본다. 다양한 제품의 끊임없는 시도, 변주, 금방 생기고 금방 사라지고, 다른 것이 그 자리를 차지하고, 한정판이어서 구하러 다니다 금세 질려 돌아보지 않는 소비자. 그에 발맞춘 제품들. 일부 제품들의 부스러기 성공들이 이 시대를 이루고 있다.

철학 없는 브랜드가 성공한다는 뜻은 아니다. 철학 있는 브랜드가 되어 끊임없이 변주해야 한다. 브랜드의 철학이 공고히 자리 잡고 있을 때 큰 용량, 작은 용량, 매운 맛, 단 맛, 가로로 긴 모양, 세로로 긴 모양 등 어떤 시도를 해도 '나'로 남을 수가 있다. 하지만 철학만큼 중요한 것은 다양한 형태로 소비자를 만날 수 있는 변주다. 이제는 하나의 모습으로 거대한 성공을 거둘 수는 없다. 하나의 브랜드로 부스러기 성공들을 이루고, 부스러기 성공들이 모여 하나의 브랜드를 형성하게 된다.

매일 저녁 맥주 두 캔씩 마시는 사람은 주 1회 맥주 한 박스씩 구입하는 것이 낫다. '낫다'는 것은 싸게 살 가능성이 높고 구매 번거로움도 적다는 뜻이다. 하지만 매일 저녁 어디서, 누구와, 어떤 식사를 하고 몇 시에 집에 올지 모르는 사람은 맥주를 미리 한 박스나 구입해놓을 수 없다. 그런 사람은 그때그때 한 캔씩 구입하는 것이 낫다. 우리는 바로 후자와 같은 삶, 어떻게 될지 모르는 삶을 살고 있다. 즐길거리가 다양해서도 그렇고, 적극적으로 저녁을 즐기기 때문이기도 하고, 살고 있는 집의 안정성이 떨어져서이기도 하다. 거주 안정성이 떨어져서 미래를 계획하기보다 현재를 즐기는 쪽으로 변화하는 바람에 더욱더 계획성이 떨어지기도 하고, 그 반대이기도 하다. 그래서 대형마트보다 길목을 지키고 있는 편의점이 유리하다. 유목민적인 삶의 오아시스로서 편의점이 자리하고 있다. 우리가 어디에 있든, 언제든, 무엇을 먹든 편의점은 우리를 지원해준다. 이렇게 편의점은 우리 삶의 유목민화를 부추기기도 하고 돕기도 한다.

미니멀라이프 가이드 책에서는 마트를 내 집 냉장고처럼 여기라고 한다. 마트에서 대용량을 사서 쟁여두는 것이 아니라 마트를 내 집 창고로 여기고 조금씩 그때그때 사라는 것이다. '나만의 냉장고'는 어떤 편의점의 판매방식이기도 하다. 2+1 제품일 경우 한 개는 지금 가져가고 나머지는 언제든지 나중에 와서 가져가라는 식이다. 여러 개를 한 번에 사고 한 개씩 빼먹는 방법인데, 2+1 제품뿐 아니라 대용량 생활용품도 못 할 바 없다. 미리 돈을 묻어두고 차감해가는 방식도 가능하다. 편의점에서는 나의 멤버십 번호만 인식하고 있으면 된다. 점원도 필요 없다. 멤버십 카드로 열고 들어가서, 물건을 집어 나오면서 바코드만 입력하면 자동 결제된다.

편의점이 동사무소 역할을 하지 못할 것도 없다. 가구 구성이 1인 가구 확장형이 되었을 때 가장 유리한 채널은 편의점이다. 그런 면에서 우리 모두는 편의점 인간이 되지 않을까? 편의점에서 아르바이트로 돈을 벌고, 편의점에서 돈을 쓰고, 편의점의 무인화로 아르바이트 자리를 잃으면 편의점 동사무소에서 실업수당을 신청한다. 기술의 발달은 삶을 다양하게도 만들지만, 규격화하기도 한다. 다양한 여행상품을 한눈에 볼 수 있는 플랫폼 덕분에 우리는 수천 가지 상품을 검색하고 선택할 수 있지만, 지금 가장 많은 사람들이 AA 여행상품을 선택했다는 정보도 동시에 볼 수 있기에 나 역시 AA 상품을 선택할 가능성이 가장 높다. 편의점은 우리에게 시간과 상품의 선택 가능성을 높여주었지만, 큰 틀에서 보면 우리는 편의점 인간이 될 가능성이 가장 높다.

❶ 다이소의 교훈

오프라인 매장은 '예쁜 것'을, '재미' 있게, '구경' 하는 경험을 제공해야 한다. 온라인 매장도 마찬가지다.

❷ 제품은 '콘텐츠'다.

콘텐츠를 체험할 수 있는 공간이 생기면 관련 콘텐츠의 관심 또한 증가한다. 우리 콘텐츠를 어디에서 경험하게 할지 고민하라.

❸ 타깃의 생활반경 속으로 침투하라.

공급자가 선별한 제품으로 구성된 최소한의 선택지를 지닌 맞춤형 자판기를 상상하라. 우리 제품은 그 자판기에 들어갈 이유가 있는지 자문해보자.

❹ 편의점의 교훈

최소한의 인간관계, 부스러기 성공들, 유목민적인 삶을 살아가는 현대인의 모습을 편의점에서 읽어라.

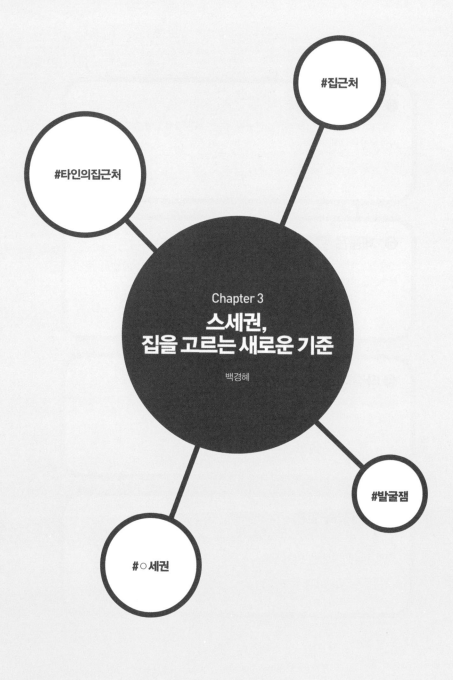

#집근처

#타인의집근처

Chapter 3
스세권,
집을 고르는 새로운 기준

백경혜

#발굴잼

#○세권

2017년 2월, 한남동에 위치한 소셜 빅데이터 분석회사에 재직 중인 싱글녀 ○○씨는 회사에서 한남대교만 건너면 되는 지리적 편의성을 핑계로 신사동 세로수길을 떠나지 못하다, 큰마음을 먹고 새로운 터전으로 이사하기로 결심했다. 조건은 3가지였다. 살던 집보다 넓으면서도 신축급의 깨끗한 집, 출퇴근이 복잡하지 않은 교통적 입지, 안전하고 깨끗한 동네 분위기.

회사가 위치한 한남동을 중심으로 남쪽으로는 강남구, 서초구, 동작구의 집들을 알아보기 시작했고, 북쪽으로는 광진구, 성동구, 중구까지 원하는 조건에 맞는 집을 찾기 위해 발품을 팔다 2개월 만에 적당히 타협할 만한 집을 발견했다. 원하는 평수보다 좁고, 역에서 집까지 5분 이상 걸어야 하므로 두 가지 조건을 완벽히 만족시키지는 않았지만, 어떤 동네보다 정돈되고 조용한 분위기에 가산점을 주었다. 무엇보다도 역 주변에 스타벅스, 커피빈, 쥬시, 공차 등 온갖 프랜차이즈 카페들이 적당히 평온한 대로에 질서정연하게 줄지어선 채 '마음에 드는 분위기를 골라서 들어오세요' 하고 기다리고 있었고, 다이소, 올리브영도 '필요한 생필품이 있을 땐 저를 찾아주세요' 하고 자리 잡고 있었다. 역에서 집까지 가는 길이 살짝 경사로이긴 하지만 작고 예쁜 카페들이 중간중간 커피 향을 내뿜고 있고, 가죽공방, 다도방, 캘리그라피 카페, 인형가게 등 타인의 취미를 엿볼 수 있는 재미있는 가게들도 있어서 걸어가는 길이 지루하지 않을 것 같았다. 100~200m마다 브랜드별 편의점들이 등대처럼 불을 밝히고 있고, 골목 길바닥엔 '여성안심귀갓길'이라는 문구도 써 있어서 늦은 시간에도 안전하게 다닐 수 있을 듯했다. 이런 점들을 감안해 부족한 조건들에 대한 합리화를 펼치며 계약서에 도장을 찍고, 그녀는 현재 새로운 터전에서 여유롭게 동네 탐방을 즐기고 있다.

욕망의 '집'

　　　　　싱글녀 ○○씨의 이사 과정을 지켜보면 재미있는 점을 발견할 수 있다. 집근처의 환경이 좋다는 이유로, 애초의 기준보다 못한 평수와 입지를 감수한 것이다. 그녀는 왜 현관문을 들어선 '나만의 공간'보다 현관문을 벗어난 '집근처'의 분위기에 더 이끌렸을까? 그녀에게 집은 어떤 의미이고, 어떤 기준으로 집을 바라본 것일까?

집의 의미가 변하고 있다. 결론부터 말하자면, 집은 생존을 위해 사는(live) 공간에서, 집의 부동산적 가치를 사는(buy) 공간으로 확장되었다가, 최근에는 다시 사는(live) 공간으로 변모하고 있다. 단,

지금은 단순한 생존이 아니라 삶의 질을 높여주고 각자의 라이프 스타일에 맞게 살아가는 공간으로의 모습이 두드러지고 있다. 소셜미디어 상에서 2008년 '우리 집'은 엄마가 부엌에서 요리를 하고, 함께 식탁에 둘러앉아 먹고사는 이야기로 가득 차 있었다. 하지만 2017년 현재의 '우리 집'은 출퇴근의 거점으로 가족과 소소한 일상을 보내면서도 가끔씩 특별한 데이트를 즐기며 살아가는 곳이고, 현관문을 열고 집근처 편의점이나 카페로 나가거나 배달음식으로 먹거리를 즐기는 공간으로 집에서 살아간다는 것의 의미가 다양화되고 있다.

생각해보면 인류가 생각한 집의 최우선 조건은 '안전'이었다. 먼 옛날에는 이것 하나만으로 충분했다. 70만 년 전 구석기 시대부터 맹수나 자연환경의 위험요소들로부터 자신을 지키기 위해 안전한 동굴을 찾아다닌 것이 내게 맞는 집을 알아보는 과정의 시작이었을 것이다. 이후 농경과 목축을 하게 되면서 움집을 짓고 정착생활을 했다. 이때는 비단 안전할 뿐 아니라 곡식이 잘 자라고 먹을 것을 구하기 좋은 땅에 집을 지어야 했을 것이다. 그 후 빈부격차가 생기고 여러 채의 집을 소유하는 사람들이 나타나면서, 집은 '거주의 공간'에서 '욕망의 수단'으로 변모하여 집의 소유 여부, 소유한 집의 개수에 따라 결핍과 충족을 이야기하는 오늘날에 이르렀다.

이제 집은 자본주의 시대의 상징이자 재산의 가장 큰 비중을 차지하게 되었다. 우리는 집에 살고 있으면서도 다른 집을 그리고 있다. 집 그 자체가 인간 욕망의 핵심에 서게 된 것이다. 이를 심리학

〈'우리 집' 연관어 변화〉

멀어진 키워드	구분	가까워진 키워드
요리하다, 집안일하다, 청소하다	**행위**	출근하다, 퇴근하다, 배달하다
어머니, 아버지, 할아버지	**대상**	친구, 남자친구, 여자친구
살림, 식사, 빨래	**상황**	데이트, 여행, 일상
부엌, 식탁, 현관	**공간**	집근처, 편의점, 카페
간식, 과자, 라면	**먹거리**	맥주, 치킨, 커피
식탁, 그릇, 화분	**제품**	가전, 텐트, 조명

출처 | SOCIALmetrics™ 2008.01.01~2017.08.31

자 매슬로의 '욕구 5단계 이론'으로 풀어보면 어떻게 해석할 수 있을까?

매슬로는 인간이 5가지 욕구를 만족하려고 하는데, 이 욕구에는 우선순위가 있고 하위단계의 욕구가 충족되어야 비로소 상위단계의 욕구를 가지게 된다고 했다. 하지만 우리는 저마다 처한 욕구 단계와 욕구충족의 기대수준이 그 어느 때보다 천차만별인 시대에 살고 있다. 특히 타인의 멋진 집을 중심으로 일어나는 일상을 인스타그램, 페이스북과 같은 SNS를 통해 들여다볼 수 있게 된 지금, 욕구를 둘러싼 이상과 현실 사이의 갈등은 더 깊어지고 있다. 그러므로 오늘날 집에 대한 사람들의 고민은 욕구 5단계를 거치는 과정에 있을 수도 있지만, 이 단계 저 단계 오르내리며 갈등하고 있다고 볼 수 있겠다.

희망을 꿈꾸며 불안의 집으로 들어가는 사람들

시간이 지나고 시대가 변해도, '집'의 가장 기본적인 조건은 나를 안전하게 지켜주고, 쾌적한 환경에서 살아갈 수 있도록 도와주는 것이다. 인간의 욕구 1단계인 생리적 욕구를 위해서 집은 생존과 직결된 음식, 휴식, 수면을 제대로 취할 수 있는 안식처로서의 역할을 한다. 이때 필요한 집의 환경적 요건은 햇빛, 온도, 통풍 등이다. 물론 더위와 추위만 피할 수 있고, 누워서 잠만 잘 수 있으면 적당히 만족하는

〈매슬로 욕구 5단계 이론에 따른 소셜미디어 상의 '집'의 연관어〉

**자아실현
욕구**

기분전환, 취향 즐기다, 만족하다, 고품격, 자기만족, 자유롭다, 독립적이다, 개성대로…

자아존중 욕구

뿌듯하다, 자리 잡다, 마련하다, 장만하다, 성공, 자신감, 자부심, 명예, 고급화, 최첨단…

사회적 욕구

우리 동네, 함께하다, 친분, 친목, 소속감, 나누다, 공유하다, 우리 단지, 서로 이해하다…

안전의 욕구

집값 오르다, 안심하다, 안심되다, 안전하다, 평온하다, 평안하다, 안정적이다, 조화롭다…

생리적 욕구

깔끔하다, 배부르다, 깨끗하다, 따뜻하다, 시원하다, 즐겁다, 안락하다, 여유롭다, 쾌적하다…

(언급량 순)

출처 | SOCIALmetrics™ 2015.01.01~2017.08.31

사람도 있겠으나, 욕구는 시대에 따라 다른 모습으로 디테일을 더해간다. 얼마 전까지 집을 구할 때 햇빛이 잘 드는 남향인지, 단열이 잘되는지 등이 중요한 기준이었다면, 최근 소셜미디어에 올라오는 질문은 "남향 3베이인데 괜찮은 건가요?", "서향 4베이 구조인데 어때요?"와 같이 조금은 다른 형식으로 바뀌고 있다. 집의 중심이 가족이 함께하는 거실과 어른들이 쓰는 안방이던 시대에는 단순히 남향이기만 하면 충분했지만, 이제는 아이가 지내는 작은 방이나 서재나 취미방 등도 햇빛의 영향권에 있으면 좋겠다며 욕구의 범위가 넓어지고 있는 것이다.

기본적인 생리적 욕구가 충족되고 나면, 안전의 욕구를 생각하며 집을 바라보게 된다. 외부의 위험으로부터 보호하기 위해 담을 쌓고 현관 도어락을 설치하던 행위가 무인경비 시스템에 가입하는 행위로 진화하고, 눈앞에 출몰하는 징그러운 벌레를 박멸하기 위해 해충방제 서비스에 가입하는 행위로 확장되었다. 최근에는 출근해 있는 동안 떨어져 있는 아이의 안전을 염려해 아이방에 홈 CCTV를 설치하기도 하고, 집에서 홀로 나를 기다리는 반려동물이 걱정돼 펫 CCTV를 설치하는 등 안전을 원하는 범위와 대상이 넓어지고 세밀해짐에 따라 홈 IoT 시장의 성장도 가속화되고 있다.

안전 욕구는 신체적 안전에만 국한되지 않는다. 내 통장의 경제적인 안정성을 지키기 위한 노력을 생각해보자. 집이 없는 사람은 집값이 계속 올라 내 집 마련의 기회를 놓칠까 불안하고, 집이 있는 사람은 집값이 떨어질까 봐 불안하다. 집이 없는 사람들은 이 불안을 끝내고 싶어 대출한도를 꽉꽉 채워서라도 내 집 마련을 실현하려 한다. 대출을 받아도 자금이 부족한 사람들은 전세보증금을 낀 갭투자로 눈을 돌리기도 한다. 어차피 더 오를 집값, 지금이라도 뛰어들지 않으면 다시는 큰돈 벌 기회가 없을 거라는 불안감에 쫓겨 무모한 투자에 관심을 가지기도 하는 것이다.

그러나 이렇게 모험적인 시도로 집주인이 되더라도, 위기는 언제든 올 수 있다. 당연히 전세 세입자가 들어올 줄 알았는데, 아파트 공급이 수요보다 넘쳐나면서 전셋값이 오르기는커녕 오히려 떨어지고, 무리해서 집을 산 사람들은 떨어진 전세보증금을 돌려주기 어려워지고, 설상가상으로 신규 세입자를 구하기도 어려워지는 역전세난에 직면할 수도 있다.

안정된 삶을 살고 싶어서 내 집 마련을 이야기하면서, 더 불안정한 모래성으로 향하는 아이러니한 사람들. 이는 집을 소유함으로써 안심을 얻고 싶은 욕구가 얼마나 강한지 보여주는 반증일 것이다.

함께 만들어가는 집과 집근처의 가치

매매, 전세, 반전세, 월세… 어떤 형태로든 '내 집'이라 부를 수 있는 공간이 생기면, 집은 가족 및 동네에 대한 소속감과 애정이 생기는 3단계 사회적 욕구, 그리고 마침내 내 집을 가지게 되었다는 4단계 자아존중의 욕구 단계에 서게 된다. 가족 간의 대화를 단절시키는 TV를 없애고, 거실에 책장을 배치해 서재로 만드는 등 가족 간의 소속감을 강화시키기 위한 노력을 한다.

하지만 이제는 집 안을 벗어나 내가 살고 있는 동네나 아파트 단지에 대한 소속감으로 확장되는 추세다. 대출을 끼고 마련한 집이 불안한 길을 가지 않고 더 가치 있는 존재가 되어 몸값이 오르기를 바라는 입주자들은 흡사 전우애와 같은 동질감으로 모인다. 우리 집의 한마디보다 우리 단지의 3000마디가 힘을 합치면 폭발적인 시너지를 낼 수 있으니 목표를 함께 쟁취하기 위한 전우애가 꽃피는 것이다.

입주자들이 입을 모으는 표면적인 목적은 "우리 단지의 수준을 함께 올립시다"이지만, 한발 더 들어가 보면 결국 '내 집의 가치를 올리고 싶어요'다. 그렇다. 나만의 힘으로 내 집의 가치를 올리기란 불가능에 가깝다. 오래된 아파트를 사서 몇 주 동안 리모델링을 하고, 때로는 세입자 신분을 망각(?)하고 내부 인테리어를 대대적으로 바꾸는 등 노력과 금전을 투자해보기도 하지만, 효과는 미미하다. "와~ 너네 집 좋다!"라는 달콤한 한마디로 나에게 자부심과 으쓱함을 느끼게 해줄 타인들은, 내가 집에 초대하거나 집 사진을 SNS에 올려 온라인집들이를 하지 않는 이상 우리 집 인테리어를 직접 볼 일이 없다. 그들의 머릿속에 먼저 떠오르는 것은 내가 사는 동네에 대한 이미지다. 이 동네에 속해 있는 한, 집 내부를 아무리 트렌디하게 포장해놓아도 우리 집의 몸값은 우리 동네의 시세에서 크게 벗어나기 어려운 것이 현실이다.

이쯤 되면 전략은 자연스럽게 정해지지 않겠나. 자기만족 외에는 별반 효용이 떨어지는 내부 인테리어보다는 아파트 브랜드와 집근처의 환경이 내 집의 가치를 더 올려주고, 더불어 내 생활수준의 가치도 인증해주기를 바라는 마음으로 그들은 힘을 모은다.

"제발요… 아이들이 살아가야 할 신도시입니다. 미세먼지 공해에 시달리고 있는 요즘 주거지 인접 산업단지라니요… 나쁜 공기 나쁜 수질 다 결정하신 당신들이 드십시오. 내일부터 민원 릴레이 들어갑시다."
"입주 전에 사전점검 다녀왔습니다. 각 동마다 분리수거 및 쓰레기 버리는 곳이 있던데 음식물 쓰레기랑 일반쓰레기를 그냥 플라스틱통에 버리는 거더라구요 사실 한여름에 음식물 쓰레기통에서 악취가 엄청날 것 같은데 ㅜㅜ 벌써 걱정되네요 우리가 살 집인데 우리 의견을 모아서 결정해야 하는 거 아닐까요? 여기 커뮤니티 내에서라도 설문조사해서 전달해보는 걸 제안드립니다."

이런 소속감은 한 동네에 오래 사는 주민들 사이에만 생기는 게 아니다. 분양이 막 시작된 아파트 단지나 입주가 시작되지도 않은 신도시라 하더라도, 분양결과가 발표되고 입주가 확실시되는 순간 소속감이 형성되기 시작한다. 입주하려면 몇 년은 더 기다려야 하는데도 온라인 커뮤니티들이 속속 개설되고, 그곳에서 사람들은 힘을 모아 나간다. 지금 사는 동네보다 미래에 함께 살 그 동네의 인프라를 미래의 이웃들과 함께 그리며 만들어간다. 미래에 살 아파트의 주변환경이 마음에 들지 않거나 기반시설이 필요하다고 느끼면 건설사와 구청에 요구하기도 하고, 아파트 이름이 마음에 들지 않으면 힘을 합쳐 개명시키기도 한다. 마침내 입주가 시작되면 온라인 커뮤니티는 살아가는 과정에서 취득한 주변 생활정보를 공유하고, 집 주변의 부족한 시설이나 불만스러운 상황에 이의를 제기하고 더 좋은 환경으로 만들어가기 위한 플랫폼이 된다.

> "마을버스를 타야 역까지 갈 수 있는 거… 집에서 나서는 것부터가 스트레스 ㅠ.ㅠ 구린 동네…"
> "성범죄자 근처로 이사올 때마다 우편 오는데 1년 동안 벌써 2번이나 우편 와서 무섭고 길거리에서 구분하기 힘든 흔한 인상이라는 게 더 무섭다… 완전 근처는 아닌데 멀지도 않아. 내가 보고 어떻게 알고 피하냐고, 무서운 동네…"

마을버스가 다니는 동네는 역과는 거리가 멀다는 뜻이며, 성범죄자 알림 우편물이 온다는 것은 안전하지 않다는 마음이 드는 동네에 산다는 것을 뜻한다. 부동산적 가치 상승 및 그곳에 사는 자신의 가치 상승을 향한 욕구는 우리 집을 벗어나, 우리 아파트를 벗어나, 이제 우리 집근처로 향한다. 집의 내부를 벗어나, 집의 껍데기를 바꾸는 것을 넘어, 집근처를 바꾸고 싶은 욕망이 올라온다. 집근처에 복합쇼핑몰, 지하철역, 극장 등의 편의시설 및 문화시설이 들어서서 내 집을 가치 있게 밝혀주길 희망한다. 내가 사는 곳이 브랜드 아파트였으면 좋겠고, 대형마트가 집근처에 있으면 좋겠고, 문화를 즐길 수 있는 극장이 동네에 있으면 좋겠다. 반면 산업폐기물 처리장, 납골당, 요양원은 내가 사는 동네의 이미지를 해치므로 위험하거나 무섭다는 핑계로 들어서는 것을 꺼린다.

지하철, 숲 그리고 스타벅스

이 글을 쓰고 있는 나는 스세권, 편세권, 올세권의 다세권에 살고 있다. 무슨 말일까? 아래에서 또 다른 사람들이 하는 말을 한번 들여다보자.

"스세권에 살다 이사 왔는데 진짜 스세권이 좋은 거 같아요. 전에 살던 곳은 걸어서 십분 안쪽에만 스벅이 3군데 있고 15분 안쪽에 한 군데 있어서 골라서 다닐 수 있었는데 여긴 걸어서 15분 그것도 한 군데 밖에 없어요. 바로 앞에 있을 때랑은 삶의 질이 달라요."
"나도 맥세권에 살고 싶다. 밥 먹기 싫을 때 입이 심심하고 출출할 때 한 번씩 먹으면 얼마나 좋을까… 길 건너지 않아도 되는 편의점, 가깝게 갈 수 있는 맥도날드가 왜 이렇게 필요한지 알겠다. 맥세권, 편세권이 역세권보다 중요하다."
"숲세권에 역세권, 초,중학교 근처에 있는 곳에 살고 싶어요. 숲세권이라고 해서 울창한 숲까지는 아니어도 운동이나 산책이 가능한 나무가 적당한 크기의 공원이라도 괜찮아요."

〈'○세권' 연관어 클라우드〉

출처 | SOCIALmetrics™ 2015.01.01 ~ 2017.08.31

최근 부동산 시장에서 소비자들에게 먹히고 있는 집은 하나의 조건이 아니라 여러 개의 조건이 영향을 미치는 '다세권(多勢圈)'에 위치한 집이다. '사람은 역세권에 살아야 한다'는 말에는 이미 모두가 공감하며 고개를 끄덕이는 바다. 실제 소셜미디어 상에서도 역세권에 대한 관심은 계속 증가하고 있으며, GTX, SRT 등 새로운 고속열차가 생기면서 역세권의 인기에 힘을 실어주고 있다.

하지만 이제 역세권만으로는 부족하다. 2015년을 기점으로 역세권은 기본이고, 집근처에 공원이나 산 같은 자연 녹지가 있으면 좋겠다(숲세권), 큰 공원을 끼고 있으면 좋겠다(공세권), 강이나 호수, 바다 등을 바라볼 수 있는 곳이면 좋겠다(수세권), 대형 쇼핑몰이 가까운 거리에 생기면 좋겠다(몰세권) 등 생활환경에 대한 희망에서 시작되어, 스타벅스가 근처에 있으면 좋겠다(스세권), 맥도날드가 가까이 있었으면 좋겠다(맥세권) 등 특정 브랜드까지, 다양한 'ㅇ세권'에 대한 희망이 생겨나고 있다.

이러한 신조어들이 생겨나는 것은 '내 집'에 대한 열망이 강한 한국만의 특성일까? 스타벅스의 고향인 미국에서는 이미 스세권의 영향력이 입증되었다. 2015년 미국의 부동산 전문회사인 질로우(Zillow)는 스타벅스 매장 400m 이내의 집들 가격이 다른 지역 대비 평균 30% 이상 상승했다는 조사결과를 발표했다. 이 전 세계적인 스세권의 영향력은 무엇을 의미할까? 1차적으로 스타벅스가 집근처에 있다는 것은 부동산 가치가 높은 동네에 산다는 뜻이기도 하지만, 그 이면에는 먹고 즐기고 여유 부리고 싶은 나의 욕구를 현관문만 나서도 바로 해결할 수 있다는 것을 의미한다.

　최근에는 여기서 한발 더 나아간 모양새다. 시설물이나 상가, 프랜차이즈 브랜드만으로는 부족해서, 집근처에서 구매할 수 있는 제품을 기준으로 핫한 동네인지 아닌지를 가르기도 한다. 동네 대형마트에 한정판 상품이 들어와 있다는 것은 곧 우리 동네가 유통채널의 관심을 받고 있다는 뜻이다. 그래서 최근에는 유럽 어느 나라에서만 볼 수 있는 브랜드 제품이나 희귀한 신상품을 집근처 편의점이나 마트에서 구매하면 물어보지 않아도 알아서 인증하는 모습이 나타난다.

"파울라너 맥주 맛있음. 편의점에 보통은 잘 없는데 우리 동네 CU에는 가면 항상 있음."

"스트롱사이다 진짜 넘 마셔보고 싶은데 편의점 5군데 넘게 돌아도 없음ㅜㅜ ○○동엔 아직 안 넣어주신 건가요."

"친구네 이마트엔 있던데 왜 우리 동네 이마트엔 과자 찍어먹는 랩핑카우 치즈 없냐… 동네 차별하나."

닿을 수 없는 내 집, 집근처로 향하다

　　　　　　　2017년 현재, 대한민국에서 쾌적하고 포근한 나만의 공간, 내 집이 가진 이미지와 금전적 가치에 대한 만족감 등을 느끼고 있다면 욕구충족의 4단계까지 모두

이룬 행복한 사람들일까?

　한국의 내 집 보유율은 53% 수준이고, 주 소비층인 40대 미만으로 좁혀보면 30% 수준으로 뚝 떨어진다. 젊은 층일수록 내 집과는 거리가 먼 삶을 살고 있다는 것이다. 서울에서 생애최초주택을 마련한 사람 10명 중 3명은 내 집 마련에 10년 이상 걸렸고, 그 전에 4번가량 이사를 다녔다고 한다.* 그만큼 내 집 마련의 여정은 길고도 번거롭다. 이런 과정을 겪는 이들에게 '아파트의 가치 향상을 위해 애쓰는' 이야기는 배부른 하소연으로 들리거나, '뭣이 중헌지' 모르는 사람들의 이야기로 들릴 수도 있다.

　나아가 젊은 층을 중심으로 '내 집'에 대한 가치 자체가 변화하고 있다. 30대 이상의 60~70%는 여전히 '내 집 마련이 필요하다'고 여기지만, 반대로 20대들의 68%는 '굳이 내 집이 있어야 할 필요는 없다'고 말하고 있다. 젊은이들은 현재를 포기해가며 '내 집 마련'이라는 불가능에 가까운 여정을 꾸역꾸역 가는 대신, 주어진 상황 안에서 즐거움을 찾아가며 'YOLO'를 외치고 있다. 그들에게는 'No Pain, No Gain', 즉 고통 없이 얻는 것이 없다는 문장보다 'No Gain, No Pain'으로 단어순서가 바뀐 문장이 더 와 닿을 것이다. 얻는 게 없으니 고통도 없을 것이고, 보람 따윈 됐으니 고생하지 않고 내가 하고 싶은 것을 하면서 즐기며 살겠다는 것, 이것이 그들이 추구하는 가치다.

---

* 국토교통부 2016년 주거실태조사.

인생을 포기하고 앞을 내다보지 않으면서 '에라 모르겠다!' 하고 무조건 지르겠다는 것이 아니다. 지금의 세대가 부르짖고 있는 YOLO는 겸허히 현실을 받아들이고 힘들고 고통스러운 인생에 화가 날 때도 있지만 참고 또 참고, 셀프 토닥토닥을 시전하고 '하드코어 인생아, 수고했어 오늘도'를 읊조리며 잠시의 일탈을 즐겨가면서 견뎌보자는 것이다. 집을 포기하고 집을 꿈꾸지 않으면 현재를 즐길 수 있는 경제적, 시간적 여유가 늘어나고, 불안함도 없으니 마음의 여유가 더 생기고, 다시 이 여유를 통해 돌아오지 않을 이 시간을 경험과 추억으로 더 많이 채울 수 있다.

이쯤 되면, 어쩌면 이들은 할 수 없이 집을 포기한 사람들이 아니라 인생의 가치를 깨달은, 인생살이 만렙을 찍은 사람들일지도 모른다. 말하자면 이들은 집을 통한 소속감이나(3단계) 자아존중(4단계)의 감정을 느끼는 단계는 가볍게 건너뛰고, 자신의 취향과 기분을 즐기는 자아실현의 욕구(5단계)를 추구하는 최상의 레벨에 있는 사람들이다.

삶의 질을 중심으로 각자의 만족도를 좇는 이들에게 집은 어떤 의미를 가질까? 어차피 가질 수 없고 큰 의미를 두지 않는다고 하지만, 내 하루하루의 일상을 살아가는 데 집이라는 공간은 필수다. 그들의 집은 어디로 향하고 있을까?

그들은 집의 역할을 '집근처'에서 충족하고 있다. '집근처' 카페로 발길을 향하고, '집근처' 쇼핑몰에서 여유를 즐긴다. 소셜 빅데

〈'집' vs. '집근처' 연관행위 키워드 네트워크〉

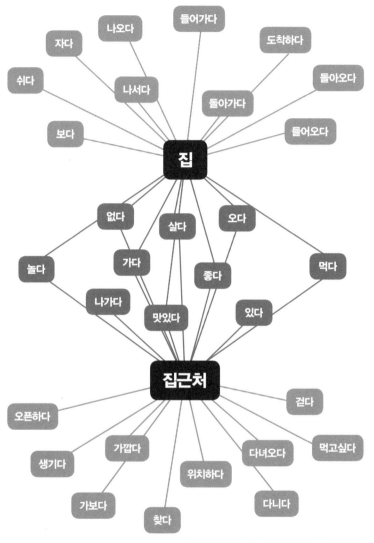

출처 | SOCIALmetrics™ 2015.01.01 ~ 2017.06.30

이터 상에서 '집'을 중심으로 이루어지는 행위와 '집근처'를 중심으로 이루어지는 행위를 어떻게 이야기하는지 비교해보았다. '집'은 자고, 보고, 쉬는 휴식의 공간이자 외부에 나갔다가 돌아오는 귀소본능의 공간이다. 이와 달리, 집 현관문을 나서는 순간 맞닥뜨리는 '집근처'는 또 다른 경험의 공간이다. 집근처에 새로운 매장이 생기면 한번 가보고, 먹고 싶은 음식을 파는 가게가 있으면 다녀와본다. 무작정 나선 집근처에서 궁금한 가게를 발견하고, 의외로 괜찮은 가게를 만나 반하기도 하면서 '발굴잼(발굴하는 재미)'을 경험하는 것이다.

"오늘 빨리 퇴근할 수 있으면, 집근처 새로 생긴 카페에 가봐야지. 그때까지 비가 오면 얼마나 멋진 하루일까."

"집근처에 노브랜드 생겨서 다녀왔다. 치즈스틱이 가성비 좋다기에 한 봉 사고."

"요즘 포켓몬은 나보다 신랑이 더 열심히 한다… 난 집밖에 나갈 일도 없고 집에서 계속 켜놓는 것도 번거롭고 한데 출근퇴근길마다 집근처 포켓스탑이니 체육관 걸어서 다녀오고 그럼."

"집근처에 CGV가 가까워서 쉽게 영화 보러 가게 된 것도 있고, 돈 주고 봤으면 아까웠을 영화들의 이벤트에 당첨되어서 맘 편하게 걸어가서 본 것도 많다."

타인의 집근처를 탐미하다

나아가 이들은 우리 동네가 아닌 타인의 동네를 탐방하기 시작한다. 명동, 가로수길과 같은 큰 길에 형성된 상권을 따라 돌아다니던 사람들이 북촌, 서촌 등 타인이 사는 동네를 탐방하더니, 이제는 한걸음 더 들어가 익선동 골목, 서울대입구의 샤로수길, 망원동의 망리단길처럼 더 좁은 골목길로 들어오기 시작했다. 물론 이들이 아무것도 없는 골목에, 다른 동네 사람들은 뭘 해 먹고 사는지 궁금해서 찾아오는 것은 아니다. 그들은 우리 집 혹은 우리 집근처에서 찾을 수 없었던 무언가를 경험하기 위해 그곳으로 모인다.

남들이 똑같이 찍는 N서울타워나 인파가 가득한 명동 골목 사진을 찍는 것은 이제 식상하다. 우리는 남들이 쉽게 할 수 없는 경험을 맛보고 싶고, 인증사진으로 남기고 싶어 한다. 언제든 갈 수 있는 동네 프랜차이즈 가게들은 어쩔 수 없을 때를 대비한 최후의 보루로 남겨둔다. 이왕이면 남의 동네까지 간 김에 그곳에서만 맛볼 수 있거나, 새로운 분위기를 즐길 수 있는 가게가 선택된다.

이들이 재미를 느낄 만한 남의 집근처(골목)들도 물론 박제된 채 불변하는 것은 아니다. 최근 가로수길에 가본 적 있는가? 일자로 쭉 뻗은 가로수길을 거닐다 보면 스포츠웨어 브랜드, 해외 패션 브랜드, 화장품 브랜드, 이 3가지 매장들의 숫자가 압도적이다. 매장 안에는 물건들만 디스플레이되어 있을 뿐 정작 구경하는 손님들은 보이지 않는다.

한때 번화했던 압구정로데오 거리의 바로 옆동네로 썰렁하고 어두웠던 가로수길은 2000년대 들어서면서 이야깃거리, 찍을거리들로 채워지기 시작했다. 작은 소품가게, 소규모 갤러리, 개성 있는 옷가게들의 아기자기함에 반해 쇼윈도 너머로 셔터를 끊임없이 눌러댔고, 유럽식의 노천카페, 일본에서 온 디저트가게, 세련된 재즈 음악이 흘러나오는 바 등 비주얼을 겸비한 먹거리들은 새로운 경험을 인증하고 싶은 욕구를 자극했다.

하지만 빠른 상권의 성장세보다 더 빠르게 치솟는 임대료 때문에 커피나 소품을 팔아서는 남는 것이 없으니 결국 대형 브랜드에 자리를 내어주고 떠날 수밖에 없다. 사람들은 또 다른 새로움을 찾아 다른 동네로 향하지만, 돈의 논리에 밀려 볼거리들을 만날 기회를 빼앗긴다.

가로수길의 새로움에 빠져 있던 시절, 도쿄에서 장기 유학중인 지인은 익숙한 신주쿠도 아니고 시부야도 아닌 '다이칸야마'라는 생소한 동네에서의 경험에 대해 쏟아내곤 했다. 이제는 도쿄여행 필수코스이며 영국 왕세손 부부, 덴마크 왕이 개인 일정에도 방문할 정도로 유명한 동네가 되었지만, 당시에는 정말 아무것도 볼 것이 없는 신주쿠 옆동네일 뿐이었다. 다이칸야마의 작은 공원에 2011년 터를 잡은 '츠타야 서점'은 초록색 식물들과 함께 어우러져 있다. 도서관, 카페, 서점의 개념과 공간 구분이 자연스럽게 섞여 있고 사람들의 라이프스타일을 책을 매개로 최대한 녹인 시도들이 보인다. 오전 9시부터 새벽 2시까지의 영업시간마저 새로움으로 다가와 서점 이상의 서점, 책 읽는 공간 이상의 역할을 하며 매년 매출을 경신하고 있다. 츠타야 서점은 기존의 호젓한 골목에 스며들어 동네 사람들을 집밖으로 끌어냈고, 다른 동네는 물론 다른 나라 사람들의 발길까지 끌어내 동네의 분위기와 상권에 활기를 불어넣는 역할을 했다.

가로수길의 사례로 대표되는 '젠트리피케이션(gentrification)'의 결과물로 최근 새로운 골목 명소들이 곳곳에서 생겨나고 있다. 활발한 상권에서 밀려난 예술가들이나 작은 가게들은 핫플레이스에서 점점 먼 동네, 더 좁은 골목으로 향할 수밖에 없다. 그곳에서 그들이 만든 공간은 새로운 볼거리가 되어 사람들을 끌어모은다. (이에 관해서는 7장을 참조하기 바란다.) 상인들의 속앓이와 별개로, 새로운 즐길거리가 주변에 없는지 호시탐탐 탐색하던 사람들에게, 재미있는 집근처의 발견은 신나는 일이 아니겠는가.

❶ 현관문을 열고 나가 우리 집 근처부터 탐미하라.

트렌드는 특별한 핫플레이스에만 존재하는 것이 아니다. 바로 내가 사는 이 동네에도 트렌드가 존재한다. 평일 휴가를 내서라도 이른 아침 역 근처 카페에 앉아 안과 밖의 사람들을 관찰하고, 점심 먹을 곳을 찾아다녀 보고, 큰길의 가게부터 동네 골목골목을 탐방하는 등 우리 동네의 24시간을 살펴보자. 월화수목금토일의 변화를 관찰하면, 우리 브랜드를 소비할 타깃들의 모습을 발견할 수 있을 것이다.

❷ 우리 브랜드의 컨셉과 동네 이미지의 시너지를 고민하자.

브랜드 이름 알리기가 아니라 매출이 목적이라면 명동, 가로수길, 청담동 등에 굳이 비싼 임대료를 장기간 지불하면서 매장을 오픈할 필요가 있는지 다시 생각해보자. 우리 브랜드의 컨셉, 타깃 소비자의 경험, 그리고 동네 이미지를 연결할 수 있는 스토리를 만들어 공간을 구성하고, 새로운 경험을 위해 기꺼이 한 블록, 두 블록 안 골목을 찾아 들어오는 사람들을 유인하자.

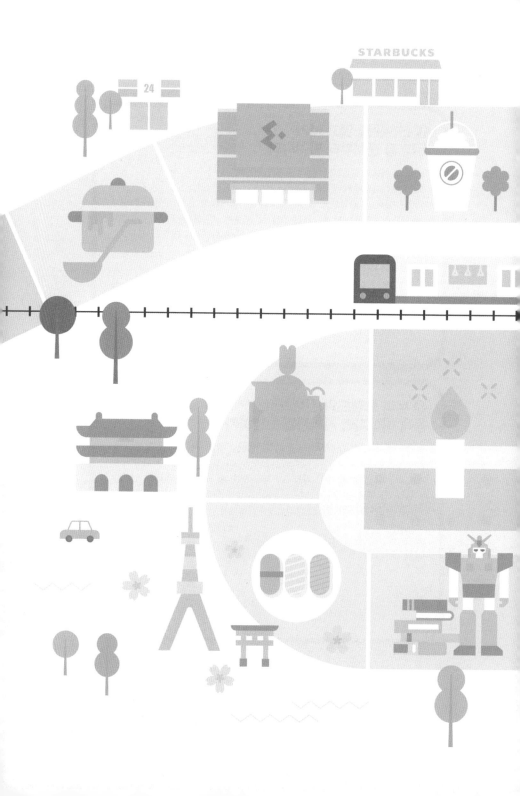

Part 2
노동과 휴식

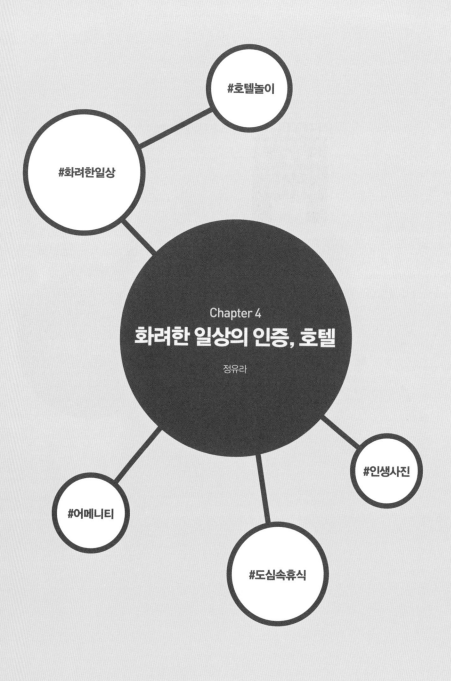

#호텔놀이

#화려한일상

Chapter 4
화려한 일상의 인증, 호텔

정유라

#인생사진

#어메니티

#도심속휴식

일상으로 들어온 호텔

오바마 전 미국 대통령이 방한했을 때 머무른 '그랜드하얏트 호텔'의 성수기 주말 풍경은 사실 한강 공영 수영장과 크게 다르지 않다. 반바지에 슬리퍼 차림의 아빠가 튜브를 들고 물 흘리는 아이를 쫓아다니며 다급히 외친다. "뛰지 마!!" 로비에는 기나긴 유모차 행렬이 체크인을 기다리고, 육아와 물놀이에 지친 가족들이 체크아웃을 마치고 빠져나간다. 내한했던 영국 여왕의 클래식한 드레스와 한강 공영수영장의 반바지 차림이 공존할 수 있는 장소가 대한민국의 호텔 말고 또 어디 있을까?

2017년 대한민국의 호텔은, 과연 고급스럽고 특별한 곳일까?

'내가 사는 도시'는 일상으로 이루어져 있다. 먹고, 출근하고, 일하고, 퇴근하고, 마시고, 자는 겹겹의 행위들은 반복을 통해 단단한 일상의 지층을 만든다. 반복되지 않는 일들은 '일상'이라 명명될수 없다. 그 일상으로부터 모두가 벗어나고 싶어 하지만, 이는 곧 생활의 균열을 의미하기에 쉽게 벗어날 수 없다.

그래서 우리는 벗어나는 대신 수시로 작은 틈을 내는 것으로 갑갑한 일상에 활력을 불어넣는다. '소소한 일상' 혹은 '일상 속 작은 행복'이 바로 그 '틈'이다. 출근길 스타벅스의 커피 한 잔, 근무 중 GS편의점의 코로로 젤리, 퇴근길 생활맥주의 맥주 한 잔… 그러나 소소하거나 작은 행복을 주는 행위일지언정 이 또한 일상의 틀 밖에 있는 것은 아니다. 작은 행복을 만들어가며, 우리의 소소한 일상은 반복된다.

헌데 최근 들어 '소소한 일상'이라는 말의 언급량이 점점 줄고 있다. 한때 유행처럼 번지던 '소박한 일상', '일상의 작은 행복'이라는 일상의 면역제 약발이 끝난 것일까? 이제 '일상의 고단함'을 인정하고 일상에 틈을 내고자 했던 노력조차 포기하게 된 것일까? 아니면 '소소한'이나 '소박한'이라는 말로 자신의 일상을 위로하지 않게 된 걸까? '소소하다'라는 말을 대체하는 일상의 구원은 무엇일까?

소소하지도, 반복되지도 않으면서, 일상을 전복시키는 것이 '여행'이다. 하여, 일상으로 꽉 차 있는 도시의 반대말은 시골이 아닌 여행지다. 강제가 없는 곳. 어제와 다른 문을 열고 하루를 시작할 수 있는 곳. 여행지가 내 일상의 도시보다 특별한 이유는 그 여행지가 전혀 도시 같지 않거나 반대로 월등히 도시다워서가 아니다. 그보다는 규율을 벗고 자율을, 의무를 벗고 자유를 얻게 된다는 점이 훨씬 큰 의미를 가진다.

이러한 맥락에서 일상 속 거주지인 집의 반대말은 호텔이다. 소소한 일상을 반전시킬 수 있는 여행에 대한 갈망이 커져가듯, 소소한 일상의 정반대편에 있을 것만 같은 호텔이 지금 대한민국에서 유난히 뜨겁다. 온라인상에서 '호텔'의 언급량은 계속해서 증가하고 있고, 증가추세 또한 타 장소에 비해 두드러진다. 자세히 살펴보니 낯선 타국의 호텔만이 아니라 국내호텔에 대한 관심도 유난히 뜨겁다.

2017년 롯데 시그니엘 호텔, 인천의 파라다이스시티, 새로 개장한 워커힐비스타, 유럽이 부럽지 않다는 부산 힐튼 등 해외 관광객을 겨냥한 초특급 호텔의 개장도 이어지고 있지만, 신라스테이, 글래드 라이브, 카푸치노 호텔, 도미인과 같은 부티크 형식의 도심 속 호텔들도 계속해서 증가하고 있다. 공항, 비행기, 리조트가 주는 이색적인 감성을 찾아 떠나는 '호텔'이 아닌, 출퇴근과 설거지, 청소 걱정이 없는(그런 점에서 일상이 아닌) '호텔'로 향한다.

호텔이 소수에게만 한정된 이야기일 거라고 생각할 사람들을 위해 패밀리레스토랑 '아웃백'과의 언급량을 비교해보았다. 2015년 1월 기준 아웃백 언급량의 30%밖에 되지 않던 신라호텔의 언급량은 2016년 6월 기준 50%에 육박하는 수준으로 올라왔다. 아웃백에 대한 관심이 떨어진 탓도 있지만, 매장수를 비교해볼 때 '신라호텔'의 언급량이 아웃백의 절반만큼 따라왔다는 것은 그만큼 사람들이 신라호텔에서의 경험을 온라인에서 많이 언급하고, 회자되고 있다는 뜻이며 그만큼 사람들에게 '호텔'이 중요하게 인식되고 있다는 의미일 터다.

또 하나 주목할 만한 변화는 호텔 언급이 시기를 타지 않고 있다는 점이다. 휴가철인 여름에 집중되어 있던 호텔의 언급량은 이제 성수기를 따로 논하기 어려울 정도로 연중 고른 언급량을 나타내고 있다.

호텔과 함께 언급되고 있는 서술어들의 변화도 눈여겨볼 만하다. '묵다', '여행하다', '머물다', '비싸다', '부담스럽다'는 줄어들고 그 대신 '먹다', '찍다', '편하다'가 증가하고 있다. '먹다'와 '찍는다'는 행위 그 자체를 나타내는 반면 '편하다'는 사람들의 감성을 나타내는 말이다. 불과 몇 년 사이에 '부담스럽다'에서 '편하다'로 옮겨간 감성 변화는 호텔이라는 장소를 대하는 사람들의 태도와 그 저변에 깔려 있는 가치관의 변화를 생각해보게 한다. '비싸다'는 언급량이 줄어든 것 역시 흥미로운 지점이다. 호텔의 가격이 저렴해진 것이 아니다. 다만 사람들이 호텔을 더 이상 비싸고 부담스러운 공간으로 여기지 않게 됐을 뿐이다.

'편하다'와 가장 가깝게 연관되는 장소는 대개 집, 카페, 친정 등 일상 속 익숙한 공간인데, '호텔'이라는 비일상적 공간을 편안하게 느끼는 이유는 무엇일까?

호텔이 왜 떴는지 명확히 밝혀내기란 쉽지 않은 작업이지만, 다양한 결의 키워드 변화와 온라인상의 여러 이야기들을 통해 왜 지금 사람들이 호텔을 더 많이 이야기하고 더 많이 찾고 있는지 유추

해볼 수 있다. 크게 '경험의 확장'과 '가치관의 변화'가 호텔에 대한 인식 변화를 주도한 두 가지 이유라 할 수 있다. 하지만 그에 앞서 우리가 알아둬야 할 지점은 이미지 시대에 '호텔'이 가지고 있는 특유의 메타포다.

'#ootd'에서 '#인생사진'으로

현재 한국사회의 트렌드에서 인스타그램이라는 이미지 기반 SNS의 영향력으로부터 자유로울 수 있는 장소가 있을까? 바야흐로 한국사회는 '이미지 사회'로의 면모를 확실히 다져가고 있다. 그중에서도 호텔은 특히나 이미지 사회의 속성을 가장 선명하게 드러내는 장소다. 실시간으로 수많은 사진들이 쏟아지는 인스타그램 피드들 중에서 가장 강렬한 인상을 주려면 어떤 사진을 올려야 할까?

인스타그램의 사진 한 장이 신문의 보도사진과 같은 성격을 띤다고 생각하는 사람은 없다. 인스타그램의 이미지는 무수한 함의를 내포한다. 손가락으로 사진을 물 흘리듯 스크롤하는 인터페이스 속에서 사진 한 컷은 깊은 감상과 오랜 사색을 필요로 하지 않는다. 다만 찰나의 순간에 그 사진이 정말 말하고자 하는 바를 가장 빨리 보여줘야 한다.

그런 점에서 인스타그램 속 사진 한 장은 단순히 사진 한 장이 아니라 나름의 경제적, 시간적 노력의 산물이다. 한 컷으로 가장 쉽고 빠르게 그 함의를 보여주려면 피사체 자체가 지닌 상징성이 크고 명백할수록 좋다.

이 때문에 인스타그램이 붐을 얻기 시작한 초창기에는 '내가 오늘 입고 있는 코디'를 보여주는 '#ootd'(outfit of the day)가 유행했다. '내가 오늘 무엇을 입고 있는지'라고 하지만, 사실 이들 게시물의 핵심은 '내가 어떤 브랜드를 입었느냐'다. #ootd의 게시물에 붙어 있는 수많은 명품 브랜드 해시태그는 사용자의 경제적 정체성을 보여주었다. 즉 '#프라다구두 #샤넬백 #유니클로원피스 #에르메스팔찌'로 조화롭지 못한 조화를 이룬 '나만의 #ootd'를 완성한 것이다.

'싸이월드' 시절에 온라인상에 둥둥 떠다니던 감성글이 지금 보면 '오글거린다'는 표현으로 재평가되듯, 이제 사람들은 명품 브랜드가 줄줄이 태깅된 #ootd 인스타그램 사진의 민망함을 조금씩 인지하고 있는 듯하다. 샤넬이나 에르메스 로고가 보이는 무언가를 대놓고 찍는 행위가 유치하다는 데 암묵적으로 동의하는 시기가 온 것이다. 유치하다는 것은 수준이 낮다는 것이다. 새로 산 샤넬백을 자랑하고 싶은 속내가 마음속에 방글방글 피어나지만, 자신의 정체성을 온라인상에 드러내는 매개로 '브랜드 로고'를 활용하는 행위가 수준 낮고 촌스러운 것이 되었음을 온라인상에서, 또 주변 사람들과의 대화에서도 느낄 수 있다.

올리면서 스스로 한 번 민망해하고 그것을 바라보는 타인의 시선을 염려하는 이중검열이 작동하기 때문일까? 브랜드로 가득 찬

#ootd가 시들해지고, 이제 그 자리를 다른 것이 치고 올라오고 있다. 바로 '#인생사진'이다. #ootd의 속뜻이 '무엇을 입었는지'보다 '어떤 브랜드를 입었는지'로 변질되었듯, 인생사진의 주인공은 사실 내가 아니다. 나 자신의 얼굴은 콩알만 하게 나올지언정 수많은 인스타피드 중에 압도적으로 시선을 끄는 배경의 강렬함이 있어야 한다. 누가 봐도 이국적이고 이색적이어야 한다. 과거 '샤넬'이 갖고 있던 브랜드적 코노테이션(connotation, 그 단어에 내포된 함축적 의미)이 배경에서 느껴져야 하는 것이다.

이를테면 인증샷을 찍는 카메라 모드가 접사에서 풍경으로 바뀐 셈이다. '내가 무엇을 들고 있느냐' 대신 '내가 어디에 있느냐'를 보여주는 것으로 옮겨가고 있다.

그런 의미에서 호텔, 그중에서도 특급호텔은 장소로서의 검증받은 명품, 즉 샤넬이다. 호텔은 현대백화점의 '자스민 라운지'나 특별 회원만 방문 가능하다는 '프라이빗 골프클럽'처럼 아는 사람만 알아본다는 한계성도 없고 배경지식이나 해석도 필요로 하지 않는다. 에르메스 버킨백 사진을 올리면서 사람들은 프랑스 명품 브랜드, 장인이 한땀한땀 바느질을 하고, 그 역사가 어쩌고저쩌고, 사기가 엄청나게 어렵다고 설명하지 않는다. 다 알고 있다. 특급 호텔 역시 마찬가지다. 하이 실링(high ceiling), 크리스털 조명, 고급 식기, 예쁘게 플레이팅된 음식, 최상급의 음식 퀄리티와 서비스, 이런 말들을 구구절절 설명하지 않아도 된다. 장소 태그에 '신라호텔'만

걸어두면 만사 오케이. 인생사진을 찍으러 비행기를 타고 머나먼 나라로 가지 않아도 된다. 도심 속 어딘가에 풍경사진의 적합한 배경이 되어주면서 그 장소가 가진 상징성을 쉽고 빠르게 보여주는 곳, 호텔이 있으니까. 게다가 에르메스 버킨백보다 사기 쉽다. 아, 물론 자연스럽게 버킨백을 걸쳐둔다면 백에 접사모드를 했을 때보다 덜 민망하게 사진을 올릴 수도 있을 것이다.

"행복이 꼭 소소해야 해?"

'현재'라는 의미의 팽창은 YOLO가 시사하는 가장 큰 가치관의 변화다. 오늘이 중요해지면서 덩달아 중요해진 것이 있으니 바로 '휴식'이다. 안전한 미래를 위한 준비이자 투자로 여겨지던 노동보다, 지금의 나를 위한 쉼과 휴식이 그 어느 때보다 중요해지고 있다. 때문에 집에서 시켜먹는 치맥이나 공원 산책이 주는 '재충전'의 기능만으로는 지금 사람들이 바라는 '휴식'의 역할을 다할 수 없다. 휴식시간은 더 길어져야 하고, 더 강렬해져야 한다.

강렬한 휴식의 장소로 각광받고 있는 곳도 바로 '호텔'이다. '휴식'의 장소 연관어를 보면 '집'보다 '호텔'과 '카페'의 비중이 더 높다. 주말에 빈둥거리며 IPTV로 〈프로듀스 101〉을 정주행하던 장소가 내 집 소파에서 호텔 침대로 옮겨가고 있다.

〈'휴식'의 장소 연관어〉

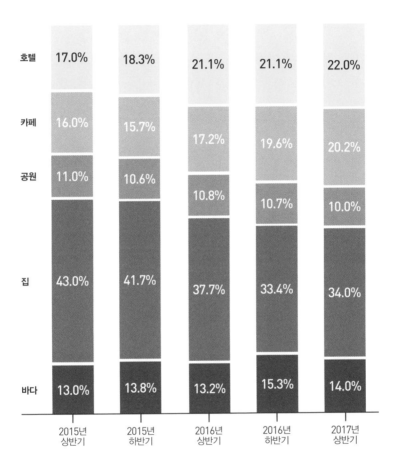

	2015년 상반기	2015년 하반기	2016년 상반기	2016년 하반기	2017년 상반기
호텔	17.0%	18.3%	21.1%	21.1%	22.0%
카페	16.0%	15.7%	17.2%	19.6%	20.2%
공원	11.0%	10.6%	10.8%	10.7%	10.0%
집	43.0%	41.7%	37.7%	33.4%	34.0%
바다	13.0%	13.8%	13.2%	15.3%	14.0%

출처 | SOCIALmetrics™ 2013.01.01~2017.08.31 (Blog)

"월급은 개미똥만큼이지만 하고 싶은 건 하고 살아야 그나마 살맛이 나겠지? 룸 밖으로 나가기 귀찮으니 룸서비스나 시켜야지… #휴식 # 셀카 #셀스타그램 #호텔놀이"

비록 월급은 개미똥만큼밖에 못 받더라도 하고 싶은 것은 쉽게 타협하거나 포기할 수 없는 오늘의 우리 모습. 하고 싶은 것을 미래로 미루지 않고 바로 지금 실행하는 것이 휴식을 대하는 오늘날의 태도다.

2017년 상반기 벤츠의 한국시장 판매량은 전 세계 5위로, 이탈리아(6위), 일본(7위), 프랑스(8위)보다 높다.* 유럽의 선진국보다, 일본보다 벤츠가 많이 팔리는 나라. 마이너스 통장을 뚫어 벤츠를 사면서 말한다.

"어차피 집은 못 살 거 알아요. 30년 갚아서 서울에 25평 아파트 사는 건 하나도 안 폼나는데 3년 뒤에 되팔더라도 가장 화려한 30대에 벤츠 모는 건 폼나거든요. 어떻게 될지 모르는 인생 저는 오늘 폼나게 살 거예요. 제 아버지인 우리은행에 오늘 돈 빌리러 갑니다."

소소한 일상으로 대변되던 '커피 한 잔'의 지속력은 고작해야 오후 근무시간까지뿐이다. 커피 한 잔이 주는 일상의 여유로 근근이

---

* 조현일, "벤츠 시장의 '큰손' 된 한국", 세계일보, 2017.8.24.

버티며 야근을 해보지만, 수많은 커피를 들이마시며 반복한 노동의 결과가 그다지 값지지 않다. 벅찬 노동의 결과가 과거 경제부흥기처럼 아파트 한 채를 내놓지 못하는 상황에서, 커피 한 잔으로 노동의욕을 고취하는 대신 우리가 택하는 것은 '호텔에서의 완벽하게 화려한 하루'다. 현실적인 청년 묘사로 화제를 모았던 KBS 드라마 〈쌈마이웨이〉속 안재홍의 대사처럼 "왜 행복이 꼭 소소해야 해?"라고 스스로에게 되묻기 시작한 것이다.

소소한 행복을 아무리 쌓는다고 커다란 행복으로 돌아오지 않는다면, 노동을 위한 재충전으로 여겨지던 휴식을 멈추고 나를 위한 휴식, 휴식을 위한 휴식을 화려하게 즐기기로 작정한다. 소소한 일상에 대한 반란처럼 느껴지는 '화려한 사치'를 누릴 수 있는 공간, 휴가철 여행지로 아껴두지 않고 지금 바로 달려가 누리는 '화려한 일상'의 호텔이 뜨는 이유다.

그 경험이 부르는 이 경험

이미지 시대의 인증 욕구가 인스타그램과 함께 '짠' 하고 나타난 것이 아니라는 것은 모두 알고 있다. 태초에 디지털 카메라가 있었고, 싸이월드라는 플랫폼이 있었다. 어딘가 특별한 곳을 가기 전날엔 디지털 카메라를 충전하고, 메모리카드 용량을 확인하고, 가방에 넣는 것이 소셜미디어 태동기의 리추얼이었다.

배낭여행에만 디지털 카메라를 들고 가는 것은 아니었다. 아웃백에 갈 때도, 스타벅스에 갈 때도 디지털 카메라는 늘 함께였다. 물론 호텔도 그 시절부터 각광받았던 인증 장소 중 하나다. 사람들은 동굴같이 어둑한 아웃백의 테이블에서 플래시를 터트려가며 투움바파스타 사진을 찍었고, 부시맨브래드에 칼을 꽂은 채 활짝 웃으며 인증샷을 남겨 싸이월드에 올렸다. 그들은 싸이월드의 종말과 함께 멸종되지 않고, 페이스북과 인스타그램이라는 새로운 플랫폼에 올라탔다. 그들은 이제 디지털 카메라 대신 보조배터리를 낀 스마트폰을 들고 호텔로 떠난다.

"대학생 때 친구들이랑 돈 모아 놀러와서 올림푸스 디카로 내 사진만 1000장 찍던 하얏트… 이젠 남편이랑 썸머패키지로 와서 난 물놀이 한 번 못하고 폰으로 아이 사진만 1000장 찍고 있음. 하얏트는 타월 색깔까지 그대론데 나만 엄마가 됐어…"
"W호텔 우바, 어렸을 때 약간 선망의 대상이었는데 나름 추억이 많은 곳. 애플 모히토랑 진토닉 보니 추억이 새록새록 대학생이었을 때라 한 잔 시킬 때마다 가격 계산하고ㅋㅋㅋ그땐 W에서 놀면 최고 힙한 거였는데ㅋㅋ 이젠 W는 멀어서 ㅋㅋ 결국 신라 가는 듯."

올림푸스의 전지현 디카로 찍은 사진을 컴퓨터에 연결해 싸이월드의 '화사한' 필터를 눌러가며 전체공개를 할까 일촌공개를 할까 고민하던 대학생이, 카메라360 앱으로 아이 사진을 잔뜩 찍어 인스타그램에 올리는 맘이 되었다. 20대 때부터 호텔놀이를 경험해 온 그들에게 '호텔'의 문턱은 더 이상 높지 않다. 단, 그 시절 일반적인 20대 초반의 대학생들에게 '호텔'은 결코 자연스러운 장소일 수 없었을 터. 과거 그들에게 '호텔'이란 친구들과 최소 한 달 전부터 계획을 짜고, 드레스코드를 맞추고, 돈을 모아야 갈 수 있는 아주 특별한 비일상적 장소였다.

이제 그들이 소비력을 갖추고, 오늘을 즐기는 데 돈 좀 쓸 줄 아는 어른이 된 지금, 호텔은 전보다는 훨씬 '편안하게' 들를 수 있는 장소가 되어 일상의 둘레 안으로 조금씩 들어오고 있다. 숙박을 하지 않더라도 자연스러운 외식의 장소로, 혹은 주말 패키지를 이용하기 위해서도 간다. 도대체 무슨 맛이기에 한 그릇에 4만 2000원이나 받는지 궁금한 신라호텔의 '그 망고빙수'를 먹으러도 간다.

어린 시절의 인증놀이 말고도 호텔의 문턱을 낮추는 또 다른 경험이 있다. 해외여행이 빈번해지면서 휴가지에서 경험한 '호텔의 추억' 역시 호텔의 문턱을 낮추는 요인이 된다.

"홍콩 여행 때 전망 제일 좋은 호텔 알아보다가 인터컨에 완전 꽂혔거든요. 이래저래 알아보다가 멤버십 가입하면 방 업그레이드 해준다 그래서 ihg 멤버십 덥석 가입했는데… 그것이 저를 호텔놀이의 세계로 인도했습니다. 코엑스 찍고, 평창 인터컨도 다녀왔네요."

소중한 여행의 추억을 완성하기 위해 치열한 정보조사를 통해 마침내 발굴한 그 호텔에서 보낸 시간은 '호텔스테이'의 기쁨이라는 새로운 세계의 문을 열어준다. 한 번 누려본 '호사'라는 강렬한 자극을 계속 누리고자 하는 당연한 심리는 경험의 반복으로 이어지고, 결국 그곳은 '익숙함'이라는 감정과 함께 배차간격이 상대적으로 긴 일상의 정거장이 된다.

호텔이 우리에게 '편안한' 공간이 되었다는 것은, 무엇보다도 호텔에서 보낸 우리의 절대적 시간이 증가했음을 의미한다. 즉 우리가 반복적으로 그 장소를 '다시' 찾고 있다는 뜻이다. 어느 날 갑자기 나타났다 사라지는 방탈출 카페 같은 유행이 아니라는 것이다. 이는 휴식과 재미의 가치가 변화하고, 여러 경험들을 통해 호텔을 보다 친근하고 일상적인 장소로 느끼게 된 라이프스타일의 변화가 반영된 결과다.

호텔에서 따지는 '가성비'

어느 장소가 가성비를 따지는 대상에 포함되었다는 것은 그 장소가 어느 정도의 '대중성'을 획득하게 되었음을 의미한다. 접근용이성이 더 높아졌다는 뜻이다. 롤렉스, 에르메스, 포르셰는 아직 '가성비'로부터 자유로운 지대다. 그러나 부담스러움 대신 편안함을 느끼는 호텔에서 우리는 이제 가성비를 논한다. 6성급 호텔이어도 예외는 없다.

그렇다면 호텔의 어떤 기능을 기준으로 가성비를 셈할까? 호텔

을 찾는 사람들을 목적에 따라 분류하면 크게 3가지 유형으로 나눠
볼 수 있다.

[서비스를 따지는 '본전 추구형']

한국에 살면서 '스사사'에 가입하지 않고 호텔을 합리적으로 즐
겼다고 말할 수는 없다. 네이버 카페 '스사사'는 '스마트 컨슈머를
사랑하는 사람들'을 위한 모임이다. 각종 호텔 체인의 멤버십 정보,
신용카드 제휴 혜택을 통한 할인, 숙박 후기, 호텔 다이닝 후기까지
호텔에 대한 정보들이 엄청나게 쏟아지는 곳이다. 어떤 서비스나
제품이든 그것의 핵심을 잘 이용하는 소수의 사람들이 있는데, 이
들도 그런 종류의 사람들이다. 단단한 소수, 마니아층들이 카페에
모여 오랫동안 쌓아온 자신들만의 '덕력'을 풀어내며 호텔에 관한
온갖 노하우를 공유하고 있다.

이들의 주요 서식지가 이미지 중심의 인스타그램이 아니라 텍스
트 중심의 카페인 것에서 알 수 있듯, 이들 유형의 관심사는 '꿀팁
공유'다. 이들이 말하는 꿀팁이란 가성비를 극대화하여 호텔을 이
용할 수 있게 하는 정보다.

이들이 말하는 '성능'이란 호텔이 제공하는 유무형의 모든 서비
스를 가리킨다. 고급 브랜드의 어메니티, 해피아워 등의 식음 서비
스, 예상하지 못했던 서비스가 주는 감동, 호텔 룸의 베딩과 가구까
지 그야말로 모든 것들을 단 하루 동안 충분히 누려야 한다. 그것이
이들이 말하는 호텔에서의 '휴식'이다.

여기 이들이 호텔을 누리는 생생한 후기가 있다. 하고 싶은 말이 너무 많아 다른 유형에 비해 유난히 긴 후기를 올리는 것 역시 이들의 특징이다.

"포시즌 광화문 숙박 후기. 애들 데리고 가기 정말 좋고, 뽕 뽑고 올 수 있습니다.
키즈어메니티(슬리퍼, 스테퍼, 변기, 가습기, 침대가드 등등) 비치해 줬고 키즈라운지에서 간단한 인형이랑 프로그램도 즐겼고요. 메이트 분들 매우 친절하고. 시내인데 제주나 해외호텔에서 받을 만한 서비스를 느끼게 해주는 요소들이 많았네요. 생일이라 말했더니 수영장에 다녀왔을 때 케이크 손편지 줬는데 이거 초감동이어요.
중간 룸클린 시간에 쿠키랑 얼음도 채워놓고 가셨구요… 쿠키 맛있습니다 먹을 만해요. 가장 맘에 든 건 밤 11시까지 가능한 키즈룸서비스 메뉴가 만 원대. 후기 보고 살짝 기대했는데 이거 가성비 쩔고요. 수영장 역시 유아풀 온수풀 넓어서 맘에 들었어요. 실신 직전까지 놀았음. ㅎㅎㅎ아참 튜브 사용금지 부분은 살짝 아쉬웠네요. 수영장 아주 예뻤고 중간중간 스낵 주시는 것도 맘에 듭니다.
베딩은 시몬스 베딩이라고 듣고 갔는데 오오 예상했던 것보다 훨씬 좋아서 정말 완전 숙면했어요. 사실 수영장 갔다가 실신해서 숙면한 건지 베딩이 좋은 건지는 헷갈리지만. 어쨌든 본전 생각 하나도 안 나는 스테이였어요! 정말 잘 쉬었습니다!"

읽는 것만으로도 빡빡한 하루의 일정이 고스란히 느껴지는 이 후기는 업무일지가 아닌 '호텔 스테이 후기'다. 체크인 순간부터 체크아웃타임까지 호박마차를 타고 무도회장으로 달려온 신데렐라마냥 분주하게 호텔의 모든 서비스를 최대한 이용하고자 노력하는 이들 후기의 마침표는 '피곤하다'가 아닌 '정말 잘 쉬었다!'

체크인 후 수영장 나들이, 칵테일 아워(혹은 해피아워), 키즈 프로그램, 주변 나들이, 피트니스를 거쳐 조식까지 이어지는 풀코스를 진행하는 강행군에 여유나 한가로움이 전혀 느껴지지 않는데도 이들이 외치고 주장하는 바는 '잘 쉬었다'이다. '잘'이란 주어진 시간을 돈 아깝지 않게 유용하게 보냈다는 뿌듯함을 동반한다. 출근에서 퇴근까지의 노동강도와 별반 다를 것 같지 않은 수고를 차곡차곡 수행하고 있음에도, 근무는 노동이고 호텔스테이는 휴식이다.

이들에게 휴식이란 늘어져 아무것도 안 하는 것을 의미하지 않는다. 가능한 많은 정보를 입수해서 누릴 수 있을 만큼 모든 것을 누릴 때 진정한 휴식이 이루어진다. 즉 이들에게 '호텔스테이'란, 지친 일상에서 벗어나 즐기는 여유로운 하루가 아니라, 엄청나게 많이 알아보고 가서 엄청나게 많이 경험하는 과정이다.

[인스타그램 팔로워 증가를 노리는 '핫플레이스 인증형']

반면 어떤 사람들은 앞서 이야기한 대로 '#인생사진'을 찍으러 호텔에 온다. 이들이 생각하는 호텔의 가성비는 경제적 가치가 아닌 '소셜미디어적 가치', 즉 인스타그램에서 얼마나 많은 '하트'를 받고 '팔로워'를 늘릴 수 있는지로 평가된다. 이 사람들이 호텔에서 원하는 것은 다양한 서비스가 아니다. 그보다는 호텔이 가지고 있는 함의를 빌려 자신의 정체성을 드러내고자 한다. 고급스럽거나 유니크한 사람으로 평가받을수록 팔로워가 느는 인스타그램의 작동 논리 속에서 '호텔'의 성능은 아주 괜찮다.

많은 '하트'를 받으려면 일상의 공간과는 조금 다른 배경, 그럼에도 어딘지 알아볼 수 있는 상징성이 담긴 배경이 필요하다. 누구나 어디인지 알아보는 그곳을 우리는 '핫플레이스'라 부른다. 핫플레이스 나들이는 회사 앞 스타벅스에서 즐기는 커피 한 잔의 '소소한 여유'를 증명하는 사진과는 명백히 다른 가치를 지닌다. 그것은 소소한 일상이 아니라 화려한 일상의 인증이며, 화려한 일상을 즐기는 '나'라는 존재의 인증이기도 하다.

그리고 '화려한 일상'의 장소엔 꼭 '공식 포토존'이 있다.

"그 유명하다는 서울 신라호텔 포토존! 블링블링하니 이건 안 찍을 수 없겠더라고요 그래서 요기서 인증샷도 남기고 :)"
"포시즌스 호텔의 포토존 이제 알아서 앉아서 위로 찍고 발끝 맞춰서 찍는 거 보면 울 신랑 세상 기특함ㅋㅋㅋㅋㅋㅋㅋㅋㅋ"

앞의 '스사사' 후기와 비교하면 지나치게 후기가 짧다. 이들이 인증하고 싶은 것은 텍스트가 아닌 이미지이기 때문이다. 여기서는 신라호텔 로비의 크리스털 조명작품을 한 줄 한 줄 묘사하거나, 포시즌스 호텔의 노란 모빌이 프랑스를 대표하는 현대조각가 자비에 베이앙의 조각임을 일일이 설명할 필요가 없다. 이곳은 오랜 역사를 통해 인스타그램 좀 넘겨봤다는 사람들에게는 익숙한 공식 #포토존. 다른 장소들과는 차별화되는 은은한 조명과 고급스러운 자재가 그곳의 분위기를 '스스로' 말한다. 이곳에서 찍은 한 장의 사진이야말로 그들이 원하는 '성능'의 핵심이다.

호텔의 서비스가 아닌 배경적 가치에 집중하는 이들에게 휴식이란 '핫플레이스'로 정평 난 곳을 방문했다는 미션 수행의 뿌듯함과, 소소한 일상이 아닌 화려한 일상을 즐기는 라이프스타일 인증이다. 몇 장의 사진들로 라이프스타일을 보여주는 인스타그램에서, '호텔 한 컷'은 호텔이 그들에게 일상적 장소임을 보여준다.

앞서의 유형이 호텔의 '스테이케이션'을 즐기는 사람들이었다면, 이들에게 호텔은 미식과 만남의 장소다. 이들을 겨냥해 최근 서울의 특급 호텔들은 입보다 눈이 호강하는 애프터눈티타임과 디저트뷔페를 강화하고 있다. 롯데시그니엘의 '르구떼시그니엘', 신라호텔이 프랑스 명품 브랜드와 콜라보레이션한 이벤트 '로저비비에 애프터눈티', JW메리어트 호텔의 '키티애프터눈티' 등이 그것이다. 과거 런던이나 홍콩 여행에서 기나긴 줄을 서야 즐길 수 있었던 애프터눈티를 이젠 일상에서 즐기게 된 것이다.

호텔 애프터눈티가 제공하는 성능은 〈백종원의 3대 천왕〉에 나올 법한, 혹은 〈테이스티로드〉에 나올 법한 엄청난 맛과 풍미가 아니다. 그렇다고 티와 디저트가 있는 달콤한 여유의 시간도 아니다.

호텔 애프터눈티의 가장 확실한 성능은 인스타그램에 최적화된 포토제닉한 비주얼이며, 이것을 누리는 내 화려한 일상의 이미지를 꾸미는 것이다.

이들에게는 신라호텔의 샹들리에 조명 아래서의 한 컷, 신라 어반아일랜드 카바나에서의 한 컷, 롯데호텔 시그니엘 계단에서의 인생사진, JW메리어트 호텔 키티빙수와의 인생사진이면 된다. 그 한 컷은 남들이 집착하는 신라 스테이의 아베다 어메니티가 주는 만족감을 훨씬 뛰어넘는다.

[나에 대한 포상을 누리는 '온전한 휴식형']

마지막 유형은, 핫플레이스의 공식 포토존에서 자신의 전신사진을 인증하는 종류의 사람도, 하루 종일 스케줄을 짜서 호텔의 모든 서비스를 누리고 만끽하는 사람도 아니다. 어쩌면 이 둘에 대한 조소와 조롱을 마음속 깊은 곳에 담아둔 채, 앞의 두 유형과는 반대로 자신의 발가락을 인증하는 데에서 묘한 쾌감을 얻는 종류의 사람들이다. 그렇다고 이들에게 발가락 패티시가 있다고 오해하면 곤란하다. 이들에게 발가락이란, 일어나서 제대로 내 사진을 찍을 체력도 없이 지치고 힘들었다는 것을 나타내는 매개일 뿐이다.

이 유형에게 호텔은 아무것도 하지 않아도 되는 여유로움이자 일상으로부터의 가장 빠른 단절을 뜻한다. 호텔은 '내가 사는 도시'에 있으면서도 '내가 도시에서 싫어하는 모든 것들'이 제거된 공간이다. 업무, 야근, 잔소리, 북적거림, 같이 사는 부모, 지긋지긋한 침대, 정리 안 된 더러운 내 방으로부터 벗어나 오직 '나'와 쾌적한 환경만 남은 곳.

"내가 처음으로 호텔을 내 돈 주고 끊어본 건 프로젝트 마감 때문에 3주 야근 후. 주당 100시간 찍고 나니 집도 싫고 부모도 싫고 친구도 싫어서 파크하얏트1박을 결제했을 때임. 진짜 지긋지긋해서 아무것도 안 하고 싶고 아무도 나를 안 찾는 곳에서 좋은 침대 위에서 푹 쉬고 싶었음. 그러나 하루 전날 망할놈의 보고가 잡혀서 중고나라에 숙박권을 팔게 됐는데 그걸 산 사람도 같은 컨설턴트였음. 조용히 혼자 쉬고 싶다고. 아 모두 불쌍한 영혼들…"

"이 주 내내 야근하다가 연차 쓰고 포시즌스 호텔 와봄ㅎㅎ 사무실 근처로 하기 싫어서 강북 호텔 찾다 보니 여기랑 조선 중에 고민하다가 여기로 선택했는데 대만족. 푹신한 침구에 몸 담그고 지금부터 아무것도 안 할 예정."

"도심 속 휴가… 멀리 갈 수 없다면, 다리 건너 #강북 이라도~ 집 나오면 고생이라고 누가 그러나 집 나오면 평화 행복 만만세. 그냥 잠만 푹 자도 좋은 #호텔놀이 조용한 게 좋으네… #도심휴가 #힐링중 #아무것도하기싫다 #격렬하게 #쉬고싶다 #멍때리기 #귀찮다"

아무것도 하기 싫은 이들이 유일하게 하는 것이 있으니, 아무것도 안 했다는 인증이다. 무릎과 발가락 사이 즈음에 살짝 올려진 《자존감 수업》등 베스트셀러 '힐링도서'의 표지가(비록 한 장 읽고

덮을지라도) 나와주면 적절하겠다. 내가 '아무것도 안 하는 지금'을 이렇게 강렬하게 자랑할 수 있는 이유는 내가 이 호텔에 발을 들이기 전까지 엄청나게 열심히 일했다는 것을 역으로 설명해주기 때문이다. 이들에게 호텔에서의 시간은 "나 수고했어"라고 말해주는 인센티브다.

이들은 아무것도 안 하는 것이 게으름이나 무능함이 아니라 역으로 유능함을 증명한다는 것을 잘 알고 있다. 이들이야말로 게으름이 얼마나 큰 사치인지 알고 있는 사람들이다. 이들이 진짜로 인증하고자 하는 것은 '(이렇게 고급스럽고 즐길거리로 가득한 호텔에서) 아무것도 하지 않아도 될 만큼 소중한 나라는 사람의 가치'일지도 모르겠다.

누군가에게는 호텔이 '샤넬백'의 역할을 한다면 이들에게 호텔의 역할은 '커피 한 잔'과 같다. 다만 커피 한 잔이나 다이소의 꿀템이 상징하는 '소소한 선물' 대신, 호텔에서의 '화려한 하루'를 자신에게 선물하는 것이다. 나는 그래도 된다는, 누릴 자격이 있는 사람이라는 자기에 대한 확신이기도 하다.

호텔은 허세가 아니다

원고를 쓰는 내내 금기어처럼 다루었던 단어가 있다. 바로 '허세'다. 호텔을 허세 부리는 장소로 인식하는 시선으로는 호텔을 둘러싼 트렌드를 전혀 읽을 수 없다. 지금, 호텔은 대한민국의 라이프스타일 변화를 가장 빠르게 보여주는 장소다. 과거 스타벅스가 그러하였듯 사람들에게 그 공간이 주는 효용을 인정받게 되면, 비일상적이라 여겨졌던 인식의 경계가 허물어지고 일상으로 편입된다. 호텔은 지금 일상과 비일상의 경계에서 일상의 영역 쪽으로 약간 기울어져 있는 것처럼 보인다.

호텔이 일상으로 들어온 것은 우리의 라이프스타일 변화와 어떤 관계가 있을까? 그 상징성은 크게 3가지로 정리할 수 있다.

첫 번째, 휴식의 의미가 변화했다.

휴식은 더 이상 재충전이 아니다. 이제는 '열심히 일해서 5년 안에 꼭 내 집을 갖겠어! 커피 한 잔 하고 힘내자!'라고 다짐하기를 누구도 강요하지 않는다. 물론 '소소한 일상의 행복'이라는 말로 위로해가며 감내했던 일상의 고단함이 전혀 보상받지 못했다는 것은 아니다. 하지만 마치 주문을 외우듯 '소박한 일상의 즐거움'을 찬양하고 아픈 눈을 비비며 컬러링북에 색칠을 하거나, 작은 화초에 물을 주며 자연의 아름다움을 고마워하는 사람은 확실히 줄었다. 우리가 주목하기 시작한 '현재'는 더 이상 소박한 오늘이 아니다. 우리는 더 자극적이고 강렬한 오늘을 원한다. 그에 반해 커피 한 잔은 너무 익숙해져서 그 효용이 전에 비해 줄었다. 그래서 휴식의 시간에 우리는 호텔로 향한다. 화려한 휴식을 찾아.

이제 우리는 카페인보다 더 자극적이고, 테라스 카페보다 더 화려하며, 커피 타임보다 더 확장된 긴 휴식을 원한다. 사람들이 휴식을 대하는 자세를 이해하는 것이 여가생활을 이해하는 첫걸음이라고 하면, 호텔은 변화한 휴식의 가치를 가장 선명하게 드러내는 장소가 될 것이다.

두 번째, '호텔의 가성비'를 이해해야 한다.

과거 호텔은 '가성비'의 대상이 되기엔 문턱이 높은 장소였다. 그러나 이제 많은 사람들이 호텔을 경험하고 자신들만의 가치관으로 '성능'을 정의한다. 스타벅스의 성능이 누군가에게는 '맛'이고 누군가에게는 '분위기'이고 누군가에게는 '익숙함'일 수 있듯, 호텔 역시 여러 성능으로 무장한 장소가 되었다.

40만 원 상당의 거금을 써놓고 무료 어메니티 몇 개를 챙겨오며 "가성비가 좋군! 뿌듯하다"고 말하는 사람들의 속내에는, 하루 종일 호텔이라는 놀이동산을 즐긴 추억이 담겨 있다. 그들은 호텔 화장실에서 본인의 집으로 옮겨온 고급 브랜드의 어메니티를 보면서 "아, 그날 정말 잘 쉬었는데…" 하고 추억할 것이다.

'사진 한 장'을 찍기 위해 얼마만큼의 금액을 지불할 수 있는지 역시 사람마다 다르다. 그러나 호텔의 그 한 컷을 본인의 인스타그램에 품을 수 있다는 것은, 이미지 기반의 소셜네트워크에서 엄청난 자산을 갖게 한다. 은은하고 고급스러운 조명 아래서 예쁜 식기에 담긴 디저트와 함께 찍어 올린 인스타그램 인생사진, 그 사진에 눌러져 있는 수많은 하트를 보며 그들은 생각할 것이다. "아, 이날 사진 정말 잘 나왔는데…" 돈 주고 '좋아요'도 사는 오늘날, 장소

자체만으로 '좋아요'를 부를 수 있다면 인스타그래머들에게 그보다 좋은 성능이 있을까?

가치관에 따라 달리 읽히는 호텔의 '성능'을 이해하고, 우리 서비스가 줄 수 있는 성능은 어떤 것들이 있는지 고민해볼 수 있다.

세 번째, 경험의 확장성에 주목하자.

우리가 놓치지 말아야 할 점이 있다. 지금 부지런히 호텔을 찾는 사람들이 어느 날 갑자기 호텔로 몰려든 것은 아니다. 그들에게는 호텔과 연관된 과거가 있고 경험이 있고 추억이 있다. 해외여행이기도 하고, 호텔놀이기도 하다.

과거에 호텔에서 열린 이벤트는 대부분 명품 브랜드 행사이거나 큰 회사의 파티였다. 그러나 지금은 호텔 이벤트가 점차 다양해지고 있다. 럭셔리 산후조리원의 동기 모임, 국제초등학교 입학설명회가 열리는 장소 역시 고급 호텔이다. 누가 호텔을 찾는지, 그리고 그들이 호텔을 어떻게 이용하고 새롭게 발굴하는지를 주목하자. 그리고 그 관찰을 통해 우리 기업의 서비스가 지금 제공하고 있는 것들을 소비자들이 어떻게 받아들이고 확장시킬지에 대해서도 고민해볼 필요가 있다.

이번 주말, 호텔 로비에 있는 카페에 앉아 방문객들을 바라보라. 거금을 들여 신라호텔의 망고빙수를 먹어보는 것도 좋고, 그랜드하얏트의 디저트뷔페를 먹어보는 것도 좋다. 용기가 있다면 '키티 뷔페' 같은 시즌 한정 뷔페를 찾아서 즐겨보자. 과거에는 낯설게만 느껴졌던 대상들이 어떤 이유로 친근하고 익숙해지게 되었는지 눈여겨보고, 소수의 놀이로 여겨지던 것들이 어째서 일상의 영역으로 가까이 오게 되었는지 실감해보자. 이제는 너무 흔해진 디저트카페들, 특별한 이벤트처럼 느껴지던 네일숍 모두 한때 누군가에는 '비일상적인 특별한 경험'을 가능하게 해준 장소들이었다. 그 장소들이 어떤 효용을 사람들에게 주었고, 그 효용이 어떤 합의의 과정을 거쳐 개인의 일상으로 들어왔는지. 우리의 일상은 어디를 향해 팽창하고 있는지 생각해본다면, 변화하는 라이프스타일의 방향성에 대한 답을 내릴 수 있지 않을까?

❶ 비일상의 장소에 주목하자.

지금 사람들이 어떤 장소를 '특별한' 방문으로 고려하고 있는지 살펴보자. 사람들이 특별하다고 여기는 그 지점에 사람들의 '환상'이 담겨 있다. 그 환상이 일상 속으로 편입될 수 있을지 가늠해보자.

❷ 지금 유행하는 인스타그램의 해시태그 트렌드를 이해하자.

#ootd #인생사진 등 뜨는 해시태그를 주목하자. 뜨는 해시태그에는 사람들이 무엇을 과시하고 싶은지가 담겨져 있으며, '과시하고 싶은 그것'이 바로 트렌드다.

❸ 새로운 가성비의 공식을 이해하자.

가성비는 '합리성'만을 목표로 하지 않는다. 다이소는 물론 호텔도 가성비의 장소가 될 수 있다. 가성비의 핵심은 '싼 가격'이 아니라 대상의 각기 다른 '성능'임에 주목하자.

❹ 호텔은 가장 훌륭한 체험공간이 될 수 있다.

디저트뷔페, 애프터눈티, 명상, 칵테일 만들기 등 새로운 시도를 하고 있는 호텔의 서비스와 액티비티를 관찰하면 지금 사람들이 중요시하는 라이프스타일 트렌드가 보인다.

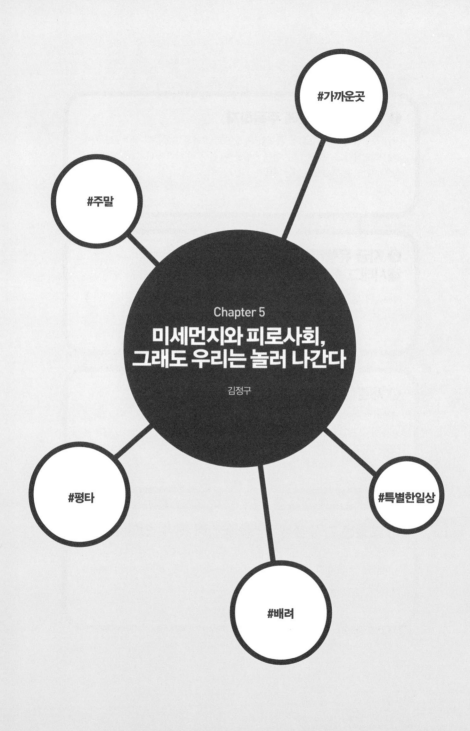

#가까운곳

#주말

Chapter 5
미세먼지와 피로사회,
그래도 우리는 놀러 나간다

김정구

#평타

#특별한일상

#배려

일터에서, 학교에서, 학원에서, 그리고 가정에서 우리는 주중 5일을 버텼다. 주말 근무를 해야 하는 이들에게는 미안하지만 5일에 한 번씩 돌아오는 오늘은 보상의 날이다. '주중'보다 '주말'에 대한 사람들의 긍정 감성이 더 높은 것은 당연지사(월요일에 대해 사람들이 말하는 감성 표현 1위는 '힘들다'이며, 금·토·일요일은 '좋다'이다). 토요일 아침에 늦게 일어나는 행위는 '열일'한 나에게 주는 훈장과도 같은, 당당하게 누릴 수 있는 '소소한 사치'다. 물론 아이가 있는 가정이라면 예외일 수도 있겠다(아이를 키우는 대한민국 부모님들의 주말을 응원한다).

2017년 서울과 경기에 살고 있는 두 사람의 어느 주말 일상을 들여다보자. 100% 실제 사례도 아니지만 그렇다고 허구도 아닌, 우리 주변에서 흔히 만날 수 있는 인물들이다.

#1. 아내, 7세 딸과 함께 서울 외곽지역 25평 아파트에 전세로 살고 있는 A 씨 (40세, 남)

불타는 금요일, 야근과 회식의 더블콤보로 새벽에 귀가한 A씨. 매주 반복되는 일이지만 일주일 내내 A씨가 써낸 보고서에 대해 본인만이 알 수 있는 외계어로 괴롭히던 팀장을 위해, 마지막까지 회식 자리에 남아 대리기사를 불러주고 웃으며 배웅한 후 집으로 향하는 택시 안에서 A씨는 알 수 없는 자괴감이 들었다. 토요일 늦은 아침 겸 점심을 마치고 나면 '세상에서 가장 소중한 존재'인 따님이 오늘만큼은 세상에서 가장 얄미운 눈빛을 하고는 묻는다. "오늘은 어디 갈 거야?" "음… 오늘은…" 무조건 A씨는 집이 아닌 어딘가로 나가긴 나가야 한다. '그녀'가 원하니까…. 하지만 주말마다 딸과 여행도 가고 같이 놀아주고 싶은 A씨의 마음을 실천하기에는 몸이 따라주지 않는다. 현실적으로 딸을 데리고 먼 곳으로 놀러가는 것은 부담스러운데, 마침 A씨에게 딸을 설득하기 좋은 비장의 무기가 생겼다. 스마트폰을 꺼내 '미세먼지'를 검색한 후, 딸에게 "오늘 미세먼지가 좋지 않대… 이렇게 공기가 안 좋은데 밖으로 멀리 놀러 가는 건 우리 딸 건강에도 좋지 않으니까 '가까운 곳'으로 가자"고 설득하기 시작한다. 집에서 멀지 않고 야외도 아닌 곳, 한 장소에서 먹고 노는 게 동시에 해결 가능한 곳… 생각보다 답은 금방 나온다. 집에서 그리 멀지 않고 오픈한 지 얼마 되지 않은 '스타필드 하남' 또는 '잠실 롯데'….

#2. 서울 인근 신도시 원룸에 월세로 자취하는 B씨 (31세, 여)

오늘은 일주일 만에 남자친구를 만나는 날. 어제는 대학 동기들과 오랜만에 만나 '불금'을 보냈다. 아직도 취업 준비 중인 친구들이 몇 명

있고, 어떤 친구는 차라리 '취집'을 하고 싶다는 자조 섞인 하소연을 했다. 게다가 몇몇 친구는 비정규직으로 불안한 내일을 살고 있으니, 그들에 비하면 중견기업 정규직으로 직장생활을 하고 있는 나는 양반이라는 위안을 하며 팀장에게 받았던 스트레스는 잠시 잊을 수 있었다. 늦은 토요일 아침 B씨의 강아지가 어서 일어나라고 옆에서 말을 걸어준다. 자취를 하고 있는 B씨의 상황상 자주 놀아주지 못하는 강아지가 오늘따라 안쓰러워 보인다. "오늘은 어디 갈래?" 마침 남자친구의 카톡이 오고, B씨는 간단히 토스트로 아점을 먹으며 답장을 보낸다. "오늘 미세먼지도 안 좋은데 Y(강아지)랑 같이 하남 스타필드 가자… 멀지도 않고 거기 강아지도 데리고 다닐 수 있대…."

두 사람의 사례에서 보듯 아침마다 '미세먼지' 농도를 확인하는 일상은 주말 나들이에도 영향을 미치고 있다. '미세먼지'에 대한 언급은 해마다 봄철(3~5월)이 되면 증가하는 패턴을 지속적으로 보인다.

그러나 미세먼지가 기승을 부려도 우리는 지속적으로, 그리고 더 많이 어딘가로 줄기차게 간다. 단, 멀리는 가지 않는다. 127쪽 도표의 '가다'와 '가까운 곳'의 언급추이를 살펴봐도 매우 유사한 경향성을 보인다. 게다가 미세먼지에 대한 관심과 언급이 특히 높아지는 3~5월부터 여름까지, '가까운 곳'에 '간다/나간다'는 이야기는 증가하고 있다.

〈'미세먼지' 언급량 추이〉

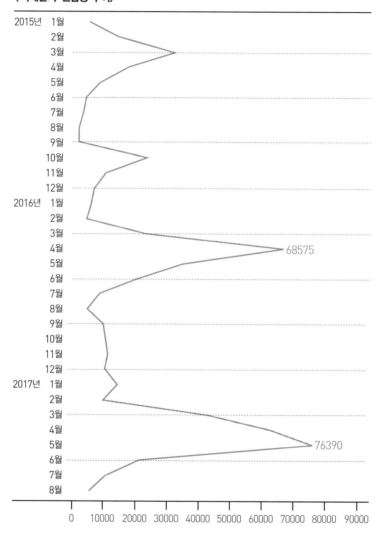

| | 0 | 10000 | 20000 | 30000 | 40000 | 50000 | 60000 | 70000 | 80000 | 90000 |

2015년 1월
2월
3월
4월
5월
6월
7월
8월
9월
10월
11월
12월
2016년 1월
2월
3월
4월 68575
5월
6월
7월
8월
9월
10월
11월
12월
2017년 1월
2월
3월
4월
5월 76390
6월
7월
8월

출처 | SOCIALmetrics™, 2015.01.01~2017.08.31

〈'가까운 곳', '가다' 언급량 추이〉

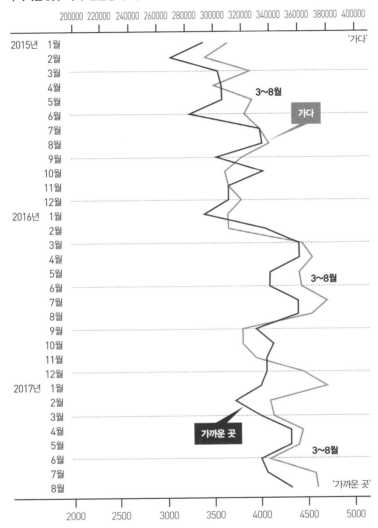

출처 | SOCIALmetrics™, 2015.01.01~2017.08.31

미세먼지가 우리를 이끄는 곳

'미세먼지' 때문에 '가까운 곳'으로 '가는' 행위가 나타났다는 인과관계를 확신하기는 어렵더라도 어느 정도 영향을 미쳤음은 예상할 수 있다. 물론 조금 더 깊이 그들의 사정을 살펴보면, A씨와 같이 '버텨내야 하는 주말'을 위해 (상대적으로 덜 피곤할 수 있는) '가까우면서 실내인 곳'은 매우 훌륭한 대안이 된다. 미세먼지는 일종의 그럴듯한 핑계일 수도 있다. 솔직히 사랑하는 자녀에게, "나 회사에서 너무 피곤해서 이번 주말에 집밖으로 도저히 못 나갈 것 같아… 주말 동안 밀린 잠도 자고 누워서 TV도 보고 맥주 마시면서 쉬고 싶어…"라고 말할 용기를 가진 부모가 몇이나 될까? 회사생활이 힘들기는 마찬가지였을 B씨에게도 역시 남자친구 그리고 애견과 함께할 수 있는 '가까운 실내'는 휴식이라는 본연의 의미에 충실한 장소일 것이다.

그렇다면 지난해와 비교해 사람들은 어디로 '더 많이' 가는가? 이에 대한 대답을 사람들이 소셜미디어에 올린 글을 통해 찾아볼 수 있었다.

언급량이 늘어난 장소 가운데 우리가 주목한 곳은 '하남'과 '잠실'이었다. 두 장소 모두 '실내 공간' 중심이다. 미세먼지를 신경쓰며 살아야 하는 상황, 혹은 미세먼지라는 핑계를 대며 '버텨내야 하는 주말'이라는 상황에서, 서울/경기권 거주자들에게 2016년 스타필드 하남의 개장과 2017년 잠실 롯데월드타워의 완공은 '가까운 곳'이자 상대적으로 미세먼지 걱정을 덜 수 있는 '실내 공간'이면서 동시에 '모든 것'을 해결할 수 있는 장소였다. (정우성과 김지원이 이야기하던 "주말에 뭐 하남?"은 잠시 잊자.)

"저희 내일 하남 스타필드 가기로 했어요~~~~ 거기 테슬라 매장도 들어와 있다고 해서~ 구경이나 할 겸 맛집도 많고 볼 게 많다고 하더라구요~ 일요일에 사람 엄청 많을까… 살짝 걱정되네요~ㅎ 안 그래도 미세먼지 때문에 실내 나들이가 훨 나니깐요"
"주말에 어디를 갈까 고민하던 중 두 아이 데리고 다녀올 수 있는 곳은 실내에 넓은 곳! 가까운 근교로 가보자! 해서 하남 신세계 스타필드 다녀왔어요!"
"전 스타필드 하남이랑 잠실 롯데월드몰 정말 자주 가요~ㅎㅎ 17개월짜리 애기가 있다 보니 요즘 같은 미세먼지 천국일 때엔 밖에 다닐 수는 없고, 구리에서 차로 15분 거리이니 딱이죠^^"

하남은 스타필드 오픈 이전과 이후의 인식 변화가 가장 드라마틱한 장소다. 하남의 연관어를 살펴보면 스타필드가 오픈하기 전의 하남은 '분위기' 있는 '맛집'이나 '카페'를 찾아 '주말'에 '가족'과 함께 다녀오는 서울 근교였다. 그러나 지금은 '스타필드'로 대표되는 동네로 바뀌었고, 새로 오픈한 그곳에 '한 번' 가서 '보고', '먹고', 구경하며 몰링(malling)하기 좋은 장소로 인식되고 있다. 하남에 있는 스타필드가 아니라 스타필드가 있는 하남이다. '스타필드 다녀왔다'고 인증할 수 있는 장소로 사람들의 인식이 바뀐 것이

노동과 휴식

〈'하남' 연관어 변화〉

2015~16년 상반기		2016년 하반기~2017년 8월	
1	집	1	스타필드
2	가다	2	가다
3	분위기	3	분위기
4	맛집	4	한번
5	서울	5	아이
6	아이	6	맛집
7	카페	7	서울
8	근처	8	보다
9	친구	9	오다
10	좋다	10	카페
11	먹다	11	주말
12	주말	12	좋다
13	남편	13	먹다
14	커피	14	매장
15	가족	15	다녀오다

출처 | SOCIALmetrics™, 2015.01.01 ~ 2017.08.31

다. 인스타그램에서도 '#하남'과 '#스타필드'의 언급이 궤를 같이 하고 있는 것을 볼 수 있다.

사실 대규모 복합몰은 스타필드 하남 말고도 이미 여럿 있다. 서울 근교만 해도 판교 현대백화점, 일산 이마트타운, 김포 현대아웃렛 등이 포진해 있다. 하지만 스타필드 하남은 서울과 인접한 동쪽 지역에 최초로 조성된 대형몰이라는 입지적 조건과 상대적으로 젊은 부부들의 미사신도시 대규모 입주 등의 물리적 조건, 그리고 하남 스타필드만의 플러스알파적 요소들이 결합돼 사람들의 입에 오르내리고 있다.

하남 스타필드가 '새로운 장소'의 등장이라면, 잠실 롯데월드타워는 신규 건축이긴 하되 사람들에게는 '기존 장소의 업그레이드'로 인식되는 경향이 강하다.

알다시피 잠실은 '롯데월드'와 '롯데백화점'으로 대표되는 훌륭한 엔터테인먼트적 요소를 30년 이상 제공해온 곳이어서, 적당히 즐길 수 있으나 다소 진부하다는 인식이 강했다. 그러다 롯데월드타워가 완공되고 순차적으로 몰과 백화점이 개장하면서 "새로 오픈했으니 다녀와봤어"라고 말할 수 있는 좋은 인증거리를 제공했다. 잠실에 대한 사람들의 인식 역시 크게 바뀌지는 않았으나 롯데월드타워 완공 후 '맛집', '다녀오다', '데이트', (사진) '찍다' 등의 연관어 순위가 증가했다.

〈'#하남', '#스타필드' 언급 추이〉

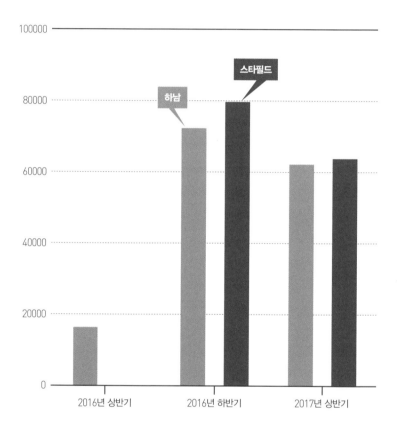

출처 SOCIALmetrics™, 2016.01.01~2017.08.31 (Instagram)

변화된 인식, 그럼에도 '평타'

홍대 주변 상권의 임대료가 치솟기 시작하면서 이를 감당하기 힘든 소상공인들이 상대적으로 임대료가 저렴한 연남동, 상수동, 망원동 등으로 그들의 생계 터전을 이동할 수밖에 없었던 젠트리피케이션 현상은 역설적이게도 홍대 주변에 식상함을 느끼던 까다로운 2030 세대의 취향을 저격했다. 홍대를 서울로 비유하자면 연남동, 상수동 등은 분당, 일산과 같이 서울에서 확장된 1기 신도시 같은 느낌이다. 분당도 나이가 들고, 그곳의 아파트 가격이 가파르게 상승하기 시작한 이후 분당 주변의 수지, 광교 등으로 신축 아파트 건설과 연이은 아파트값 상승 현상이 확산된 것처럼, 연남과 상수 다음의 핫플레이스가 어디가 될지 지켜보는 것은 마케터로서도 반드시 주목해야 할 부분이다.

그나저나 요즘 핫하다는 핫플레이스와, 우리가 주목하고 있는 스타필드 하남과 잠실 롯데월드타워를 같은 범주로 묶을 수 있을까? 똑같이 많은 이들을 끌어모으기는 하지만, 이 둘은 상식적으로 생각해봐도 다소 거리가 멀어 보인다. 개인들의 다양한 취향이 믹스앤매치된 핫플레이스와 달리 이 두 장소는 거대자본이 계획적으로 투입되어 인위적으로 만들어진 장소이니 말이다. 최근 2년 8개월 동안 사람들이 올린 두 장소에 관한 글을 살펴보아도 두 장소는 '핫플레이스'와의 연관성은 거의 없는 편이다.

그렇다면 트렌드에 대해 이야기하는 책에서 왜 핫플레이스도 아닌 장소를 굳이 다루는가? 나름의 이유는 있다. 두 장소가 적어도 방문해서 실패는 하지 않는 '평타 치는 장소'라는 점이다. 핫하지 않지만 너무 올드하지도 않고, 그러면서 한 장소에서 먹고, 마시고, 사고, 놀 수 있는 모든 서비스를 제공하기 때문이다. 적어도 주말에 거기 다녀왔다고 말하기 부끄럽지 않은 '평타의 미덕'을 보여줄 수 있는 장소다.

물론 '#미세먼지, #주중스트레스, #회식, #아이, #주말, #가까운 곳, #실내' 등 여러 가지 요인을 충족시킬 수 있는 곳으로 두 장소가 '얻어걸렸다'고 말할 수도 있다. 하지만 두 장소는 별다른 노력 없이 사람들에게 운 좋게 얻어걸린 곳은 결코 아니다. 다시 말하지만 두 곳은 모두 어마어마한 자본 투입과 치밀한 사전 계획의 결과물이다. 투입비용 대비 이윤을 남긴다는 비즈니스의 본질적 목적을 달성하기 위해, 개인의 다양한 니즈뿐 아니라 다수가 공유하는 니즈를 두루 충족시킬 장소로 설계된 곳이다.

개인의 취향이 세분화되고 앞으로 더욱더 개인의 취향이 중요해질 것이 자명한 만큼, 니치(niche) 마켓을 포기한 채 시장에서 성공할 가능성은 예전만큼 높지 않다. 하지만 니치 마켓 이전에 반드시 선행되어야 할 전제조건이 있다. 매스(mass) 마켓이 바탕이 되어야 한다는 점이다.

앞서 말한 '평타의 미덕'은 매스 마켓 속에 니치 마켓이 자리 잡고 있는 이상적 환경을 의미한다. 비유하자면 세계 최고의 공격수인 리오넬 메시나 크리스티아누 호날두에게 세계 최고의 미드필더이자 세계 최고의 수비수까지 되라고 요구하는 것이랄까. 대부분의 마케터가 꿈꾸는 이상적인 목표이지만 이를 현실화하기란 어렵다. 하지만 적어도 세계 최고는 아니더라도 수준급의 올라운드 플레이어를 목표로 도전할 필요는 있다. 스타필드 하남과 잠실 롯데월드타워는 이 목표를 충실히 이행한다.

꼭 트렌디하지 않아도 대세에 뒤늦게라도 동참할 수 있는 상황을 마련해주는 것. 이것이 진정한 '평타의 미덕'이 아닐까?

[All for one]

여느 (초)대형몰이 그렇듯이 스타필드 하남과 잠실 롯데월드타워에도 국내에서 구입할 수 있는 대부분의 브랜드가 입점해 있다. 따라서 '살거리(돈 쓸 거리)' 측면에서 원스톱 쇼핑이 가능하다. 가격적인 측면에서는 온라인 쇼핑보다 경쟁력이 낮을 수 있으나, 한 장소에서 직접 눈으로 보고 만져보고 입어볼 수 있다는 점은 대형몰이 주는 확실한 강점이다. 물론 실컷 입어보고 온라인으로 구매하는 이들이 많다는 점은 입점사에게 가슴 아픈 상황이지만.

여기에 더해 이마트 트레이더스나 롯데마트와 같은 대형 마트가 자리 잡고 있어 주말에 장을 보러 나와 다른 매장으로 자연스럽게 이동해 쇼핑하기에도 좋다. 마트 밖으로 나와 길을 건너야 하는 등의 귀찮은 행위는 하지 않아도 된다. 특히 코스트코라는 브랜드가 주었던 '미국식 감성'이 더 이상 특별하지 않게 된 시점에서 하남 스타필드 지하에 위치한 이마트 트레이더스는 코스트코와 머천다이징 측면에서 크게 차이 나지 않으면서도 '연회비 없음'이라는 특장점을 내세워 모두에게 열려 있는 '한국형 코스트코'라는 포지셔닝을 하는 데 성공했다. 시장경쟁 체제에서 이마트 트레이더스를 '따라쟁이'라고 욕할 사람은 많지 않으리라.

쇼핑에 최적화된 장소에서 즐겁게 할 일을 하다 보면 다리도 아프고 허기가 지는 것은 당연지사. 이 점에서도 최근의 쇼핑몰은 차별화된 면모를 보인다. 기존 쇼핑몰의 정형화된 식당가와 달리, 현재 (혹은 한때) '핫플레이스 맛집'들이 입점해 있어 굳이 본점에 가지 않더라도 '맛보고 인증'할 수 있는 즐거움을 준다. 소수에게 입소문으로 알려지던 핫플레이스 맛집을 다수가 방문하는 대형몰에서 손쉽게 경험할 수 있는 즐거움이 추가되는 것이다.

특히 아이 때문에 멀리 있는 핫플레이스에 가기 힘든 부모들에게는 스스로 '아직까지는 그래도 트렌디함을 잃지 않았어'라는 위안을 줄 수 있는 최적의 장소이기도 하다. "나 어제 하남 스타필드에 있는 LeTao 가서 치즈 아이스크림 먹어봤는데 괜찮더라." 설령 그곳이 몇 달 전에 핫했다가 지금은 다소 '따뜻해진' 곳이라 하더라도 크게 상관은 없다. 어차피 스타필드 하남이나 잠실 롯데월드타워에 맛집 한 곳만을 목적으로 방문하는 이는 많지 않을 테고, 1~2년 전에 핫했던 과거형의 '핫플레이스'만 아니라면 그곳에 가봤다는 경험을 제공하는 것 자체에 의미가 있으니까.

또한 주말에 아이와 함께 어딘가로 나가야만 하는 부모에게는 아쿠아리움, 워터파크, 테마파크 등의 시설이 있는 쇼핑몰이 적어도 평타는 치는 곳이 될 수 있다. 물론 아이와 함께 가야 하므로 인파에 치이는 노고는 감수해야 하지만, 적어도 월요일에 유치원이나 초등학교에 등교해 친구들에게 "나 주말에 잠실 롯데 아쿠아리움 갔다왔어"라고 아이도 자랑스럽게 이야기할 수 있을 테니까.

[누군가를 위한 배려]

2017년 가장 핫했던 키워드 중 하나로 'YOLO'를 꼽을 수 있다. 미디어, SNS, 카카오톡 프로필 등에서 너도나도 '인생은 한 번뿐'이라고 말하고 있다. 하지만 이와는 대척점에 서 있는 이들도 있으니, 아마도 아이를 둔 부모들이 아닐까. '세상에서 가장 어려운 게 육아'라는 말이 괜히 있는 게 아니다. 한국의 엄마들은 연중무휴 독박육아로 힘들어하고, 아빠들도 주중 내내 직장에서 힘들었는데 주말이라고 쉴 수 있는 게 아니다. 육아에 지친 아내에게 남편의 도움이 반드시 필요한 주말이다. 누구나 주말만큼은 취미나 여가 생활을 즐기는 삶을 꿈꾸지만, 아이를 키우는 부모에게는 이것도 사치다.

육아가 너무 힘들거나 부부만의 시간을 보내고 싶을 때 으레 가는 곳이 키즈카페다. 하지만 여기에도 질렸다면? 그런 이들에게 '하남 스타필드 영화관'은 훌륭한 대안이 될 수 있다. 이곳에는 한국에 몇 개 없는 '키즈전용관'이 있다. 오로지 아이들만 들어갈 수 있고, 아이들끼리 영화를 보며 80~90분여를 즐기는 동안 부모들은 외부에 마련된 공간에서 커피 한 잔의 여유를 즐기며 CCTV를 통해 아이들을 볼 수 있다. 이 틈에 아빠는 잠시 휴식을, 엄마는 편안한 쇼핑을 즐기는 것이 가능하다.

"어제 처음으로 스타필드 갔었는데… 미리 예매해둔 아이들 영화하는 키즈영화관을 갔는데 정말 세상 좋아졌더라구요. 애들끼리 팝콘이랑 음료 넣어 안에 착석하게 해주고 밖에서 편하게 앉아 아이들 cctv로 관람하는 거 너무 잘 보이더라구요. 그동안 어른들은 이마트 트레이더스 가서 장을 봤어요"

작은 배려 장치는 이것만이 아니다. 어느덧 우리도 반려견 1000만 시대를 맞았다. 반려견과 함께 생활하는 가구가 증가하고 있고* 반려견 문화도 함께 성숙해지고 있지만, 여전히 반려견과 함께 갈 수 있는 곳은 제한적이다. 반려견을 싫어하는 사람들도 있고 배변 문제 등 여러 이유로 매장에 반려견 출입을 허용할지에 대해서는 계속 논란이 되고 있다. 아직은 반려견을 동반하고 쇼핑을 하거나 식당에서 밥을 먹는 일을 상상하기 어려운 것이 사실이다.

이런 현실에서 스타필드 하남은 애견인들에게 단비와 같은 존재다. 일부 예외는 있지만 대부분의 장소에 반려견과 함께 입장할 수 있는 'pet allowed' 몰이기 때문이다. 이뿐 아니라 스타필드 하남은 애견인들을 위한 모든 것이 갖춰져 있다는 점에서 여타 대형몰과 확실히 차별화된다. 그곳에는 반려견과 함께, 반려견을 위한 쇼핑을 하고, 함께 밥을 먹고, 차를 마시는 등 반려견을 위한 모든 시설이 갖춰져 있다. (애견 호텔도 있다.)

---

* 반려견 인구가 증가하고 있다는 사실은 다양한 미디어에서 언급되고 있으며, 특히 1인 가구의 증가와 반려견 증가가 연관 있다는 언급도 많이 된다.

전체 쇼핑몰 고객 중에 애견인은 상대적으로 소수일 것이다. 그러나 외출 시 혼자 남겨질 반려견이 눈에 밟히는 그들의 불편함을 긁어주었으니, 애견인들이 스타필드를 방문할 확실한 이유 하나는 생긴 것이다. 무엇보다 반려견과의 방문을 '인증' 하기 좋은 곳이다.

하남 스타필드의 반려동물 인증샷

"제가 사랑하는 애견동반 가능한 쇼핑몰! 하남 스타필드! ㅎㅎ 애견인들에게 특히 핫한 곳인 것 같아요^^ 이렇게 대놓고 강아지를 데려갈 수 있다니!! ㅎㅎ 이동가방이 있으면 들어갈 수 있는 매장이 더 많아져요^^ 누가 그렇게 사랑스럽게 있으래~ ㅎㅎ 라떼도 나와 있을 수 있어서 좋은가 봐요 ㅎㅎ"

"이 중 가장 먼저 눈에 띈 애견샵 *몰리스* 강아지 출입이 가능하다는 걸 알았더라면 우리 요미도 데리고 오는 거였는… 지나다니는 강아지 볼 때마다 요미 생각에 언니가 미안해ㅜㅜ 다음엔 같이 오장 애견용품, 미용실, 놀이터, 호텔, 카페, 강아지들의 천국이라고 해도 과언이 아닐 듯싶네요^^ 미안한 마음에 우리 요미 선물 하나 ㅋㅋ 짜~~~쟌 마음에 드니 요미야?ㅋㅋ"

이 책을 준비하면서 의도적으로 꽤 오랜 시간을 잠실 롯데월드타워와 하남 스타필드의 카페에 혼자 앉아 사람들을 관찰하며 보냈다. 물론 나도 주말이면 집 근처의 하남과 잠실을 앞에서 언급했던 A씨와 비슷한 이유로 자주 방문하는 편이지만, 오롯이 객관적으로 그곳 사람들의 일상을 관찰할 필요가 있었다.

평일 오전의 그곳은 아이를 어린이집, 유치원 등에 보낸 엄마들이 주인공이었다. 오전에 쇼핑을 하고 카페에서 담소를 나누는 엄마들의 모습은 충분히 예상 가능한 그림이다. 육아에 지친 주부들에게 오전 10시부터 아이들이 귀가하는 오후 2~3시까지는 하루에 얼마 안 되는 자유의 시간이고, 쇼핑몰은 친한 엄마들이나 친구들과 간단한 쇼핑과 커피 한 잔의 여유를 즐기기에 최적의 장소다.

하지만 잠실 롯데월드타워의 엄마들 사이에 생각지 못했던 세대가 눈에 띄었다. 특히 '롯데리아'에서 말이다. 그들은 바로 60대 이상의 노년층이었다. 노년층과 '롯데리아'라니? 삼삼오오 모여서 담소를 나누는 분들에서부터 홀로 앉아 스마트폰을 들여다보는 분들까지… 이분들의 특징은 햄버거를 시키지 않는다는 것이다. 약 1000~2000원 정도 하는 커피나 음료 한 잔을 시키고 오전의 무료한 시간을 보내고 계셨다. 적은 비용으로 만만하게 갈 수 있는 장소로 '롯데리아'를 선택한 그들은, 탑골공원 혹은 '노년층의 압구정'이라는 동묘시장에서 마주치는 노년층과는 다른 형태의 세대로 보였다. 미세먼지 걱정도 상대적으로 적은 실내이고, 여름에는 시원하고 겨울에는 따뜻하니 이보다 좋은 장소도 드물 것이다.

롯데리아 입장에서는 그들이 매출에 큰 도움이 되지 않는 고객으로 인식할 수도 있다. 하지만 인구절벽 현상이 코앞으로 다가온 '고령화 대한민국'에서 점차 늘어나는 노년층을 외면하고서 상품과 서비스를 판매해 수익을 창출하기는 쉽지 않을 것이다. 대한민국 경제가 어려워지고, 취업난이 심화되고, 앞으로 먹고살기가 더 힘들 것이라는 경제학적 전망을 말하지 않더라도, 누군가는 이런 상황에서도 새로운 '블루오션'을 창출할 것이기에 노년층의 라이프스타일을 이해하는 것은 반드시 필요하다. 물론 그들은 스스로를 노인이라 생각하지 않겠지만.

이처럼 하남 스타필드와 잠실 롯데월드타워는 보편적 다수뿐 아니라 소수의 사람들까지도 언제든 받아줄 수 있는 장소로 보인다. 엄청나게 트렌디하지 않으면서도 적당히 그리고 다수의 이해관계를 충족시킬 수 있는 '2017년의 장소'로서 손색없었던 것이다.

[가끔은 소소하지만 특별한 곳]

국내 최초로 하남 스타필드에 입점한 영국 드러그스토어 부츠와 전기자동차 테슬라 매장 등은 '국내 최초'라는 사실 하나만으로 이곳을 방문해야 할 이유를 한 가지 더 보탰고, 롯데월드타워 개장 기념 불꽃놀이는 하나의 축제행사로 주목받았다. '세계 최초', '국내 최초'라는 마케팅 용어는 다소 진부하지만 그럼에도 여전히 꽤나 유혹적이다. 한마디로 스토리를 만들기 좋은 워딩이기 때문이다.

무엇보다도, '인증'이라는 소소하고 즐거운 임무수행을 하는 데 이보다 더 강력한 이유가 있을까? 어딘가를 방문한 김에 인증을 한 것인지, 인증을 위해 방문한 것인지는 중요하지 않다. 사람들이 '그곳'에 '가게' 만들었고 행위의 최종 결과인 '인증'을 하게 했으니.

"하남 스타필드에 영국 드러그스토어 부츠 입점했습니다 :) No7 화장품도 있구요 숍앤글로리도 있네요 :) 입점기념 행사도 진행하고 있으니 스타필드 가보시면 함 들러보세요 ~~구매시 에코백 증정해줘요 ~~~"

"테슬라가 드디어 입고되어서 많은 사람들이 구경하고 있더라구요… 다음에 남편이랑 오면 구경가기로 하고 ㅎㅎ 멀리서 전기차 테슬라 한 장 찍어봄 ㅎㅎ"

2017년 4월의 어느 주말, 나는 초등학교 1학년인 딸과 단둘이 롯데월드에 있었다. 덧붙이자면 주중에 아이 때문에 수고한 아내에게 자유시간을 주기 위해, 그리고 몇 달 전부터 롯데월드를 외치던 딸의 소원을 풀어주기 위해서였다. 마침 잠실 롯데월드타워 개장 기념 불꽃축제 날이었고, 불꽃축제 때문인지 의외로 롯데월드 실내에는 사람이 적어 주말임에도 다양한 놀이기구를 대기시간 없이 탈 수 있어 굉장히 럭키한 날이었다.

예상대로 대부분의 사람들은 불꽃축제를 보기 위해 매직아일랜드 쪽으로 넘어가 있었고, 롯데월드와 맞닿아 있는 석촌호수에도 불꽃축제를 보기 위한 사람들로 붐볐다. 덕분에 롯데월드 미션은 수월했지만 집으로 가는 지하철은 여의도 벚꽃축제를 방불케 한 귀가 전쟁이었다. 종종 들여다보는 커뮤니티에서도 실시간으로 불꽃축제 동영상과 사진이 업로드되고 있었다. 행사 주최측에서 불꽃축제에 들인 비용만 40억~50억 원 이상이었다고 하는데 롯데월드타워와 석촌호수 일대에 몰린 관람객만 약 40만이었고, 서울 전역에서 100만여 명이 불꽃축제를 즐겼다고 하니 마케팅 비용이 아깝지 않았을 거라 생각해본다. 여담으로 롯데월드타워 외벽에 폭죽을 설치하는 아르바이트 일당이 100만 원이라는 이야기를 듣고 고소공포증이 있는 내 자신이 잠시 원망스럽기도 했다.

롯데월드타워 불꽃축제

"추위도 잊고 기다린 4월 2일 일요일 약속한 21시경 화려한 불꽃이 롯데타워를 아름답게 장식합니다. 밤 9시부터 11분간의 짧은 시간에 무려

2017 디네앙블랑

3만 발 화려한 불꽃의 연출 40억의 경비가 들었다고 하니~"

잠실이 기존의 '진부한' 이미지를 벗고 특별한 장소가 된 또 한 가지 사례가 있다. 어느 날 사무실에서 후배가 "저 어제 잠실 다녀왔어요. 친구가 디네앙블랑 (Le Diner en Blanc) 행사 가고 싶은데 같이 갈 사람이 없다고 꼬셔서요. 재미있더라고요"라고 말했다. "디네… 뭐?" "디네앙블랑이요." "…"

나의 무식함을 없애기 위해 검색해보니 머리끝에서 발끝까지 화이트로 차려 입고, 요리는 물론 자기가 사용할 테이블과 의자, 테이블웨어 등을 '수고스럽게' '직접' 준비해 한자리에 모여 즐기는 파티라고 했다. 생각보다 많은 사람들이 신청해 행사는 성황리에 끝났다고 한다. 참여자들이 모두 화이트로 대동단결해 즐기고, 그들을 바라보는 사람들도 흥미로웠을 터이니 잠실 롯데월드타워 1층 광장이 그날만큼은 서울에서 가장 특별한 장소가 아니었을까? 하나의 소소한 이벤트가 대중적인 장소를 특별한 장소로 바꿨다는 점에서 잠실을 다시 바라보게 된다.

"디네앙블랑 다녀왔어요… 힘들게 들고 가서┬ 세팅하면서도 우아하게 옷 입고 오라고 해놓고 이게 웬 고생인가 했는데… 다 세팅하고 노니 즐거웠어요…"

"쇼핑하자구 넘어온 잠실 롯데타워광장에선 오늘 디네앙블랑을 하고 있었다. 각자의 식기 테이블 음식을 준비해서 세팅을 하고 디너를 먹는 파티? 그리고 드레스 코드는 올 화이트라는!"

평타와 상타 사이에서

신규오픈과 함께 미세먼지의 대항마로 떠오른 실내 대형몰이라는 시의성, 서울/수도권과 가깝다는 접근성, 그리고 대다수 사람들의 다양한 니즈를 충족시킨 대중성에 더해 디테일한 배려가 가미된 특별성의 꿀조합이 사람들의 발길을 하남과 잠실로 이끌었다. 즉 언제 방문해도 대다수의 적당한 만족감을 주는 '평타' 치는 장소에 가끔 삶의 소소한 일탈과 재미를 제공하는 '상타' 치는 장소로의 변화무쌍함이 두 곳이 '뜬' 이유가 되겠다.

앞으로 평타와 상타의 사이에서 적당한 균형을 이루는 곳이 어디가 될지는 지켜봐야 하겠지만 몇 가지 확실한 점은 있다. 누군가에게는 지친 자신에게 잠시 동안이나마 대안이 되어줄 수 있는 곳이어야 하고, 누군가에게는 기꺼이 인증할 정도로 자랑거리가 될 만한 요소가 있어야 한다는 것이다. 지속 가능한 장소이어야 하는 것은 필수다. 너무 뻔한 이야기라고 비웃을 수 있겠지만 한 가지는 확실하다. '대중적'이면서 '소수'까지도 품을 수 있는 곳이 가장 이상적이다. 비틀스가 그랬던 것처럼.

오늘 하루 잘 보냈다! (feat. 오늘 하루 잘 버텼다!)

만일 당신이, 혹은 당신의 회사가 두 장소 또는 제3의 장소에 입점을 고려하고 있다면 누군가가 만들어온 상권분석 자료와 숫자에만 매몰되지 않기 바란다. 반드시 당신이 충분한 시간을 들여 직접 그 장소에서 소비자들이 누구와 언제 어떤 상황에서 오고, 어떻게 행동하는지를 관찰하고 이해한다면 신규사업의 리스크를 줄이는 데 도움이 될 것이다.

❶ 평일 오전에 방문해볼 것
(가급적 월요일 오전 10~11시)

유치원과 학교에 가지 않은 자녀들과 즐겁지만 피곤했던 주말을 버티고, 잠시 동안의 힐링을 위해 온 3040 주부들의 일상을, 그리고 잠실 롯데 아쿠아리움 입구 부근의 롯데리아에 앉아 햄버거가 아닌 커피 한 잔을 시키고 시간을 보내는 노년층의 일상을 쉽게 볼 수 있다. 그들을 관찰하며 당신과 당신 회사의 나아갈 바(next step)를 고민하는 데 좋은 단서를 발견할 수 있을 것이다.

❷ 친구 또는 가족들과 주말 나들이 장소로
방문해볼 것 (점심시간이 시작되는 12시~오후 6시)

다양한 종의 애견을 데리고 한가로이 쇼핑을 즐기고, 식사를 하는 애견인들의 모습이 하남 스타필드에서는 더 이상 낯설지 않다. 애견용품숍, 애견 카페, 애견 호텔이 모여 있는 1층의 소파에 여유롭게 앉아서 지켜볼 것. 본인이 애견인이 아니더라도 1000만에 달하는 애견인들의 태도를 이해하는 데 도움이 될 것이다. 견공이 본인에게 다가온다면 애정 어린 눈빛으로 인사하자.

아울러 아이의 손에 이끌려온 3040 부모들의 표정과 행위를 지켜보자. 우리 부모 세대가 그러했듯 3040 부모들도 아이를 위해서라면 더 많이 소비하고 투자한다. 그들이 사용하는 '돈'의 흐름을 직접 지켜보며 그들에게 어떤 가치(value)를 줄 수 있을지 고민하자.

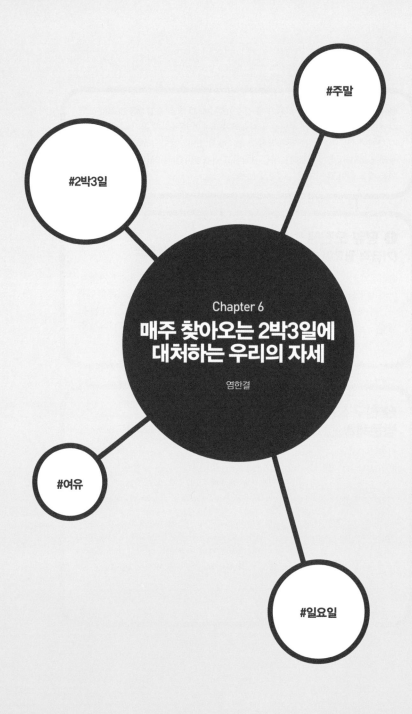

#주말

#2박3일

Chapter 6

매주 찾아오는 2박3일에
대처하는 우리의 자세

염한결

#여유

#일요일

만약 주말이 없거나 혹은 겨우 하루뿐이라면?

주말만 바라보며 일터를 지키는 직장인들에게 매우 불온한 상상임에 틀림없다. 그러나 이는 불과 10여 년 전만 해도 직장인의 일상이었다. 2000년대 초반까지만 해도 모든 직장인들은 토요일에도 출근을 했다. (물론 지금도 이런저런 여건상 주말에 쉬지 못하는 직군이 적지 않은 게 현실이다.) 심지어 이제는 역사 속으로 사라진 '놀토'라는 것도 있었다. 학교에서 토요일 휴무를 격주로 시행했던 시기에 생겨난 말이다.

이런 상황에서 주말은 새로운 한 주를 준비하는 휴식시간에 불과했다. 가족의 등쌀에 못 이겨 짧은 여행이라도 가려면 토요일 오후 2시 이후에나 출발하거나, 아니면 일요일 당일치기로 만족해야 했다. 어떤 경우든 짧은 주말을 길 위에서 대부분 허비해야 했으니, 그럴 바에는 집에서 편하게 TV를 보며 쉬는 걸 택했다.

그러나 요즘 일요일 오전에 집에서 TV나 보며 뒹굴거리는 사람들은 많지 않다. 피곤해도 스타필드라도 구경하러 가고, 아이들과 아쿠아리움에 가서 시간을 보내기도 한다. 이제는 주말이라 해서 평일에 못 본 드라마 재방송을 기다리는 엄마나, 디즈니 애니메이션을 보며 즐거워하는 어린이들은 없다는 뜻이다.

1일, 1박2일, 2박3일

주5일 근무제의 정착은 우리 삶에 많은 변화를 가져왔다. 일요일뿐 아니라 토요일 하루 전체를 쉴 수 있게 되면서 이틀을 온전히 나 또는 가족을 위해 사용할 수 있게 되었고, 이에 따라 수많은 여가활동이 가능해졌다.

가장 대표적인 것이 '주말여행'이다. 주5일 근무제가 나타남과 동시에 사람들이 1박2일 여행을 떠나기 시작했다. 당일치기와 달리 1박2일은 시간적 여유가 있어, 전국 방방곡곡 어디로든 떠날 수 있다. 서울의 경우 속초나 인천 정도에 불과했던 주말 여행지가 전주, 부산을 넘어 제주도까지 확장되었다. 마침 〈1박2일〉이라는 예능 프로그램이 등장해 전국적으로 여행 붐을 일으켰다. 여기에 더해 KTX, 저가항공 노선 증가 등 교통 인프라가 확충되어 이동에 대한 부담을 대폭 줄여주었다. 그렇게 10년이라는 세월 동안 한국인들의 삶은 길어진 주말에 맞춰 다양한 활동을 즐길 수 있게 되었다.

주5일제가 바꾼 생활의 풍속도는 이것만이 아니다. 토요일 출근을 하지 않게 되면서 사람들은 금요일 저녁을 늦은 시각까지 꽉꽉 채워 즐기기 시작했다. 금요일 퇴근 후 곧장 집에 가서 쉬기보다는 친구들과 밤새워 술을 먹고, 연인과 늦은 시간까지 데이트를 했다.

자연스레 금요일에 대한 관심은 더 높아졌다. 이를 단적으로 보여주는 '불금'이라는 용어가 2013년부터 소셜미디어 상에 나타나 지금에 이르고 있다.

2013년은 국내 최초로 금토드라마가 시작된 해이기도 하다. 〈응답하라 1994〉가 그것인데, 토요일과 일요일에 방영되는 주말드라마가 아닌 금토드라마는 당시로서는 파격적인 편성이 아닐 수 없었다. 또한 〈정글의 법칙〉, 〈나 혼자 산다〉, 〈꽃보다 할배〉 등 다양한 예능이 2013년부터 금요일 밤에 방영하기 시작해 높은 시청률을 보였다. 방송뿐 아니라 많은 산업에서 금요일에 관심을 갖고, 금요일을 겨냥한 프로모션을 내놓기 시작했다.

그런데 이러던 금요일 풍경이 최근 들어 조금씩 달라지기 시작했다. 금요일 밤이라 해서 늦게까지 술로 채우는 이들이 예전처럼 많지 않다. 금요일을 불태우고 토요일 오전을 침대에 누워 의미 없이 보내는 것이 아니라, 금요일 퇴근부터 시작되는 주말을 계획하는 이들이 늘기 시작했다. 즉 금요일을 평일의 끝으로 보는 것이 아닌 주말의 시작으로 여기게 된 것이다.

더욱 길어진 주말 2박3일을 알차게 보내려고 하는 사람들이 늘고 있다. 여기 남들과 다르지 않은 주말을 보내고 있는 김아무개의 사연을 들어보자.

매일매일 반복되는 업무와 야근으로 일상을 보내고 있는 직장인 김

노동과 휴식

아무개는 주말이 다가오기만을 기다리고 있다. 이번 주말에는 여행을 떠난다. 월요일부터 시작된 야근은 수요일을 넘어 목요일까지 이어졌다. 그리고 드디어 금요일! 김아무개는 금요일 사무실에서 들뜬 마음으로 주말 1박2일로 떠날 곳의 맛집 정보를 찾아보고, 반드시 가봐야할 분위기 좋은 카페를 검색하며 시간을 보냈다. 퇴근 후에는 다음 날아침 일찍 출발하기 위해 곧바로 집에 들어가 씻고, 평소보다 일찍 침대에 누워 잠을 청했다.

김아무개는 누구보다 알찬 주말을 보내겠다는 포부와 설렘 속에 잠자리에 들었다. 과연 그는 황금 같은 주말을 최선을 다해 보내는 것일까?

김아무개가 진정으로 주말의 1분 1초까지 소중히 여긴다면, 그는 지금 피같이 소중한 주말을 이렇게 보내지는 않을 것이다. 물론 그는 자신이 시간을 허비하고 있다는 사실을 알지 못한다. 이 글을 읽으면서 당최 김아무개가 왜 주말을 헛되이 보내고 있다고 하는지 이유를 모르겠다면, 당신 역시 매주 찾아오는 주말을 아깝게 흘려보내고 있는지도 모른다.

주말은 더 이상 1박2일이 아니라, 금요일 저녁부터 시작되는 2박 3일이다. 주말을 잘 보내겠다는 사람이라면, 김아무개처럼 토요일 아침에 여행을 떠나지 않고 금요일 밤에 이미 여행을 시작했을 것이다.

평일보다 바빠진 2박3일

　　　　　　　　　　　　직장인 A씨는 금요일 6시 정각에 퇴근하자마자 인천공항으로 향하는 지하철을 타서 저녁 8시 30분쯤 공항 입구에서 친구를 만났다. 친구와 함께 서둘러 출국수속 게이트로 가 비행기 티켓을 발급받고, 후쿠오카로 떠났다. 후쿠오카에 도착한 시각은 밤 11시. 모든 대중교통이 끊겨 택시를 타고 호텔에 도착한 A씨와 친구는 체크인 후 짐만 놓고 다시 나와 호텔 근처 이자카야에서 가볍게 맥주 한 잔을 했다. 몇 시간 전만 해도 회사에서 인상을 쓰고 있던 본인들이 지금은 이렇게 행복한 얼굴로 일본에 있는 것을 신기해하면서 여행 첫날을 마무리했다.

　다음 날 일찍 호텔을 나선 그들은 일단 백화점으로 발걸음을 옮겼다. 일본에서만 살 수 있는 바오바오백을 구입하기 위해서였는데, 이 브랜드 제품은 워낙 인기가 많아 매일 한정수량만 선착순으로 구입할 수 있다. 1박2일 여행에서는 시간이 아까워 오전을 쇼핑으로만 보내는 것을 상상도 못했지만 이번 여행에서는 그럴 시간이 충분했다. 여유롭게 쇼핑을 한 그들은 초밥도 먹고, 이곳에 오면 반드시 맛봐야 할 후쿠오카함바그도 먹으며 시간을 보냈다. 하지만 그들에게는 여전히 일본에서 보낼 수 있는 하루의 시간이 더 남아 있다.

　A씨와 친구는 연차휴가를 써서 해외여행을 간 것이 아니다. 대부분의 직장인들에게 똑같이 주어지는 주말을 활용해 2박3일의 해외

〈여행기간 '1박2일' vs. '2박3일' 언급 비교〉

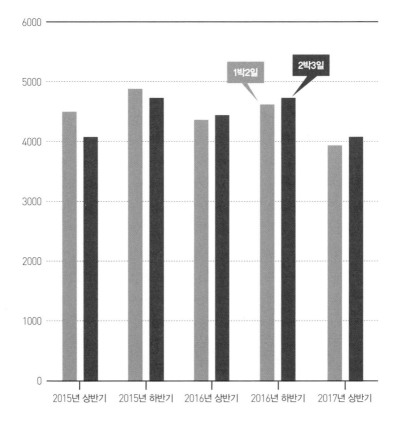

출처 | SOCIALmetrics™ 2015.01.01~2017.06.30

여행을 즐기고 온 것이다. 그들에게 금요일 저녁은 퇴근해서 집에 가는 시간이 아니라 여행을 시작하는 공항으로 떠나는 시간이다.

주말이 이틀이 아닌 3일로 인식되면서, 주말을 활용하는 우리의 모습도 바뀌고 있다. 가장 대표적인 현상이 2박3일 여행의 증가다. 토요일에 출발하여 일요일에 돌아오는 1박2일 (그래봐야 겨우 24시간을 채우는) 여행이 아니라, 금요일에 출발해 2박3일을 즐기는 것으로 주말여행이 바뀌기 시작했다. 여전히 1박2일로 여행을 떠나는 사람들이 많지만, 2016년 이후 2박3일 여행에 대한 언급이 1박2일 여행을 앞서기 시작했다.

2박3일 여행이 보편화됨에 따라 주말 동안 갈 수 있는 여행지 선택의 폭도 넓어졌다. 1박2일이 부산, 제주도, 전주 등 국내여행에 한정돼 있었다면, 2박3일은 오사카, 후쿠오카, 홍콩, 대만 등 해외여행도 충분히 가능하다.

비단 여행뿐일까. 2박3일이라는 시간적 여유는 다양한 활동을 가능하게 해준다. 여행 외에 두드러지게 나타나는 또 다른 변화는 토요일을 바쁘게 보내는 사람들이 많아졌다는 것이다. '불금'에 밤새 술 먹고 토요일 오후까지 늦잠을 자는 행태에서 벗어나, 토요일 오전을 일찍 시작하는 사람들이 늘고 있다. 그들의 토요일 오전은 평일보다도 바쁘다.

"어제 친구들과 불금이라 달렸지만 오늘 경기가 있어서 일찍 나옴. 조금 힘들지만 그래도 이번 사회인 야구팀은 동료들하고 모든 것이 잘

〈여행기간별 여행지 언급 순위〉

1박2일 여행지		2박3일 여행지	
1	부산	1	제주도
2	제주도	2	부산
3	강원도	3	**오사카**
4	전주	4	**후쿠오카**
5	경주	5	강원도
6	여수	6	**도쿄**
7	속초	7	**홍콩**
8	강릉	8	우도
9	통영	9	여수
10	가평	10	경주
11	해운대	11	**대만**
12	대구	12	속초
13	인천	13	통영
14	**후쿠오카**	14	해운대
15	경기도	15	**교토**

출처 | SOCIALmetrics™, 2015.01.01~2017.08.31

맞서 올해 제대로 해볼 작정이다."

"불금 보내고 아침은 한강에서 10km 달리기. 러닝 크루들과 함께 달리다 보면 일주일의 피로가 다 날아가는 것 같다. 이것이 진정한 힐링"

"주말이라 아침 일찍 책을 들고 동네 카페로 나왔어요. 커피 한 잔과 카페풍경들을 보고 있으면 마음이 여유로워지고 가벼워져요. 이렇게 주말 오전을 알차게 보내면 그다음 한 주도 거뜬히 버틸 수 있어요."

그럼 언제 쉬냐는 의문이 생길 수도 있지만, 이렇게 바쁘게 활동하는 것이 이들의 쉬는 방식이다. 말하자면 이들은 주말 동안 신체적 휴식이 아닌 정신적 휴식을 즐기고 있다. 평일 새벽같이 일어나서 밤늦은 시간까지 이어지는 근무로 심신이 지쳐 있을 때, 몸보다는 마음의 건강유지에 힘쓰는 것이 현대인들이 지향하는 라이프스타일이다. 그전에도 물론 토요일 아침을 일찍 시작하는 사람들이 있었을 것이다. 그러나 주말이 2박3일이 되고 금요일과 일요일이라는 완충재가 생긴 후 토요일은 더욱 여유로운 시간이 되었고, 사람들은 오롯이 자기만을 위한 시간을 보낼 수 있게 되었다.

일탈에서 여유로

일상에서 벗어난 일탈. 이 말이 사람들에게 달콤하게 와 닿았던 것이 불과 3년 전이다. 힘든 하루하루를 보내며

<⟨'일탈', '여유', '일상' 언급 추이⟩

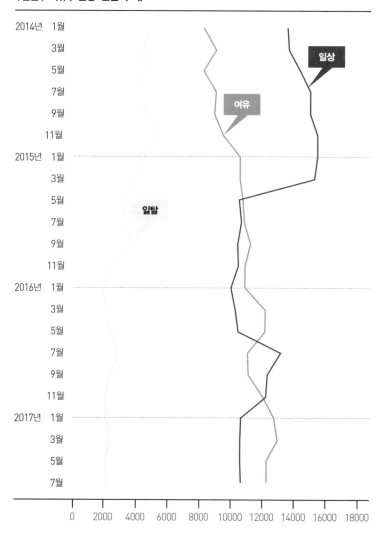

| | 0 | 2000 | 4000 | 6000 | 8000 | 10000 | 12000 | 14000 | 16000 | 18000 |

출처 | SOCIALmetrics™ 2014.01.01~2017.08.31

자기 나름의 소소한 일탈을 즐겼고, 그것이 다시 일상으로 돌아올 수 있는 잠깐의 위안이 되었다. 하지만 사람들의 가치가 최근 들어 변하기 시작했다. 일상을 위해 내가 어떻게 살아야 할까 고민하기보다는, 나를 위해 일상을 어떻게 보내야 할지 생각하기 시작했다. 그러던 중 주말이 2박3일로 늘어났다. 7일 중 2박3일은 일탈을 하기에는 너무 긴 시간이다. 이에 따라 주말을 일탈의 시간보다는 일상적 여유를 추구하는 시간으로 만드는 사람들이 늘고 있다.

YOLO와 함께 2017년 가장 화두가 되었던 라이프스타일 키워드는 이른바 '워라밸(work and life balance)'이다. 워라밸은 일과 생활의 균형을 맞춰가며 자신을 위한 삶을 살려는 현대인들의 가치관을 보여준다. 더 이상 사람들은 회사의 요구에 맞춘 삶을 살고자 하지 않는다. 그보다 자기 삶의 가치를 더욱 중시하며, 그것을 위해 모든 노력을 한다. 일하고 배우는 행위는 감소하고, 현재의 삶을 즐기고 휴식하는 행위가 점차 증가한다.

그럼에 따라 주말은 평일을 위해 쉬는 휴식과 일탈의 개념에서 벗어나게 되었다. 오히려 평일이 주말을 가치 있게 보내기 위해 비용을 마련하는 수단이 되었고, 일상을 위한 노력보다는 여유를 위해 투자하는 개념으로 평일을 보내고 있다.

이러한 흐름을 반영하듯, 여유를 대변할 수 있는 것들에 대한 관심이 더욱 높아지고 있다. 가장 대표적인 것이 바로 여행이다. 양적으로 많이 언급되는 것뿐 아니라 내용 면에서도 다양화되는 추세

⟨행위별 언급량 순위⟩

2014년		2015년		2016년		2017년(~8월)	
1	보다	1	보다	1	보다	1	보다
2	가다	2	가다	2	가다	2	가다
3	먹다	3	먹다	3	먹다	3	먹다
4	만들다	4	만들다	4	만들다	4	만들다
5	사다	5	사다	5	사다	5	사다
10	듣다	10	듣다	10	자다	10	듣다
11	만나다	11	자다	11	듣다	11	자다
12	자다	12	만나다	12	만나다	12	만나다
13	마시다	13	마시다	13	마시다	13	**즐기다**
14	기다리다	14	기다리다	14	기다리다	14	마시다
15	준비하다	15	**즐기다**	15	**즐기다**	15	기다리다
16	놀다	16	놀다	16	놀다	16	놀다
17	**즐기다**	17	다녀오다	17	다녀오다	17	다녀오다
22	맞추다	22	맞추다	22	**쉬다**	22	**쉬다**
23	입다	23	추천하다	23	읽다	23	읽다
24	떠나다	24	입다	24	입다	24	추천하다
25	추천하다	25	**쉬다**	25	추천하다	25	입다
26	**쉬다**	26	밥먹다	26	밥먹다	26	밥먹다
30	**일하다**	30	**일하다**	30	키우다	30	알아보다
31	얻다	31	눕다	31	알아보다	31	키우다
32	눕다	32	**배우다**	32	이야기하다	32	이야기하다
33	꾸미다	33	이야기하다	33	정리하다	33	꾸미다
34	씻다	34	꾸미다	34	**일하다**	34	정리하다
35	이야기하다	35	정리하다	35	꾸미다	35	씻다
36	**배우다**	36	씻다	36	씻다	36	사오다
37	정리하다	37	얻다	37	얻다	37	얻다
38	모으다	38	사오다	38	**배우다**	38	**일하다**

출처 | SOCIALmetrics™ 2014.01.01~2017.08.31

다. 1년에 한 번 휴가철에만 겨우 갈 수 있었던 여행에서 이제 매주 떠나는 여행으로 개념이 확장된 것이다. 그 또한 친구들과 술김에 바닷가로 '쏴서' 회 한 사발 먹고 돌아오는 일탈의 여행이 아니라, 미리 계획해서 유명 카페도 가고, 맛집도 찾아다니는 힐링의 시간으로 바뀌었다.

이쯤에서 의문을 가지는 이들도 있을지 모른다. 2박3일이라봐야 금요일 저녁에 떠나는 것이니, 첫날 일정은 숙소에서 잠자는 것밖에 되지 않는데 비효율적이지 않나? 괜히 숙박비만 두 배를 들이고 말이다. 물론 그들도 모르지 않는다. 그런데도 금요일 저녁 여행을 감행하는 이유는, 그렇게 해야 여행지에서 토요일 아침의 여유를 맛볼 수 있기 때문이다. 그만큼 여유에 대한 사람들의 기대가치가 높아졌고, 이를 위해 돈을 지불할 용의가 충분히 있다는 의미로 해석된다.

이와 달리 여유의 상징이었다가 주중 고달픈 일상의 영역으로 옮겨간 것도 있다. 가장 변화가 큰 것은 커피다.

얼마 전까지만 해도 커피는 여유의 상징이었다. 클래식 음악을 들으며, 창밖을 바라보며 커피 한 잔을 즐기는 것이 여유로움을 대변하는 수단이었다면, 최근 들어 커피는 전투 같은 삶을 살기 위한 도구로 바뀌었다. 직장인들이 하루 평균 3~4잔의 커피를 마신다고 하는데, 이것은 결코 여유로워서가 아니다. 이제 커피는 여유가 아닌 각성제로서 본연의 역할을 하고 있다.

물론 모든 커피가 그런 것은 아니다. 같은 커피라도 사무실에서의 커피와 카페에서의 커피는 질적으로 전혀 다르다. 졸음을 깨기 위해 마시는 사무실 커피와 달리 카페의 커피는 여전히 여유의 상징이다. 카페에서 여유롭게 책을 읽거나 친구들과 수다를 떠는 것은 그 자체로 힐링이 되는 행위다.

카페와 관련해 최근 많은 관심을 얻고 있는 집 인테리어가 홈카페다. 주방 한 켠에 마련된 커피머신만으로는 여유로운 삶이 표현되지 않는다. 베란다를 뒤집어엎고, 타일을 새로 까는 대공사를 감행해 홈카페를 만들어야 진정한 '여유 인테리어'가 완성되는 느낌이다. 아이가 자고 있는 틈을 타 주방 식탁에서 급하게 커피를 들이켜는 행위가 아니라, 베란다 너머의 풍경과 함께 커피 한 잔을 마시며 블로그를 하는 주부에게서 드디어 여유를 발견할 수 있는 것이다.

책 역시 여유를 방증하는 대표적 표현도구다. 다만 책상에 앉아 진지하게 마음의 양식을 쌓는 사람은 많지 않다. 책은 이제 카페에서 주말에 읽는 것이고, 혹은 여행지의 선베드에서 읽는 것이다.

자정을 지나 월요일 새벽까지

하루짜리 휴일이 주5일제와 함께 1박2일의 휴일이 되었고, 삶의 여유를 중시하는 사람들의 가치관 변화에 따라 2박3일로 확장되었다. 이 추세대로라면 일과 생활의 균형을 꾀하는 '워라밸' 차원을 넘어 오히려 개인생활에 더 큰 비중을 두는 라이프스타일이 확장될 것이며, 주말로 대표되는 '나를 위한 시간'은 더욱 늘어날 것이다.

이미 그런 징후가 포착되고 있다. 주말의 끝까지 즐기려는 사람이 늘고 있다. 과거보다 주말이 길어졌지만, 이들은 여전히 너무 짧다고 느낀다. 행여나 불타는 금요일과 토요일을 보낸 사람들이 일요일에는 쉴 것이라 생각한다면 당신은 오늘날의 주말을 온전히 이해하지 못한 것이다. 일요일 또한 허투루 흘려보낼 수 없는 소중한 시간이다. 단적인 예로, 인스타그램의 해시태그를 살펴보면 '술자리'를 언급한 문서가 토요일 다음으로 일요일이 많다. 주말 마지막 시간까지도 놓치지 않겠다는 집념이 나타나는 것이다.

"일요일 밤까지 이어지는 술자리 약속. 월요일 출근이 걱정이기는 하지만 포기할 수 없는 주말의 마지막 밤."
"술은 일요일에 마시는 술이 가장 맛있음. 그제도 먹고 어제도 먹었지만 오늘도 먹기에 한 주를 버틸 수 있다."
"이번 주도 주말이 가는구나 ㅜㅜㅜㅜ 가는 주말 끝자락에서 아쉬움을 달래려고 친구들과 급약속 잡고 지금 이태원 루프탑에서 발악하고 있는 중 ㅋㅋㅋㅋㅋ"

일명 핫플레이스라 불리는 이태원, 홍대, 가로수길을 일요일 오후에 가보면, 술집마다 손님들로 가득 찬 것을 어렵지 않게 볼 수

〈요일별 '술자리' 언급 추이〉

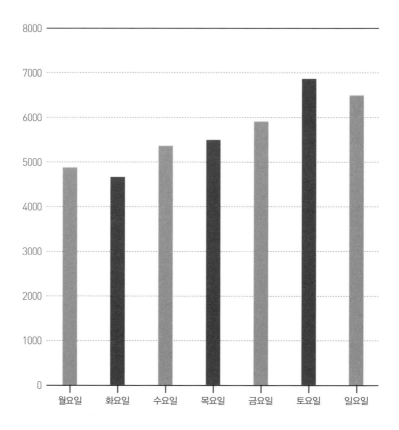

출처 | SOCIALmetrics™ 2017,01,01~2017,08,31 (Instagram)

있다. 그들이 소위 금수저여서 다음 날 출근 걱정 없이 술집에 앉아 있는 것일까? 혹은 연차를 내고 월요일까지 쉬는 것일까? 그렇지 않다. 대부분 다음 날 출근길에 올라야 하는 직장인이다. 하지만 그들은 마치 내일이 없는 사람들처럼 술을 마시고, 수다를 떨고 웃음 꽃을 피운다. 일요일 밤을 개그 프로그램과 함께 조용히 마무리하던 몇 년 전의 광경은 상상할 수 없을 만큼, 일요일까지 마지막 불씨를 지피는 사람들이 많다. 설령 약속을 잡지 않더라도 얌전히 잠자리에 들지 않는다. 집에서 맥주 한 잔이라도 마시며 아쉬운 주말을 달랜다.

"넘나 짧은 주말 ㅜㅜㅜㅜ 그래서 너무너무 아쉬운 주말 ㅜ 일요일 마무리는 심야 영화로 끝냈어요. 일요일 밤이 되면 드는 생각 당연히 아쉬운 주말엔 밤마실이죠ㅎㅎ"

"보내기 아쉬운 주말, 일요일 밤이 되면 드는 생각이에요. 작년만 해도 불금을 화려하게 보냈는데 지금 전 일요일까지 이렇게 누리고 있어요~ 심야영화를 보고, 야식으로 치킨에 맥주 먹으면서 아쉬움을 달래고 있습니다."

심야영화도 마찬가지다. 인스타그램에 '#심야영화' 해시태그가 가장 많이 달리는 요일은 일요일 저녁이다. 주말의 끝자락에 친구 또는 연인, 그마저 안 된다면 혼자서라도 심야영화를 본다. 심야영화는 자정을 넘기기 일쑤다. 그런데도 사람들이 일요일 밤에 영화

〈요일별 '#심야영화' 해시태그 언급량〉

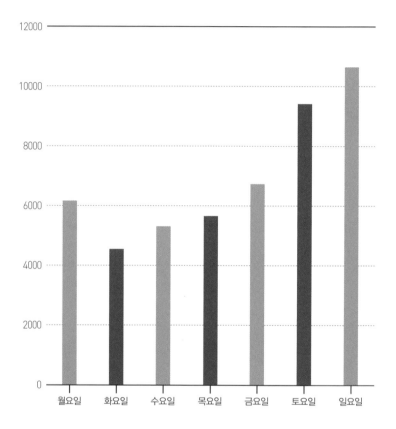

출처 | SOCIALmetrics™ 2017.01.01~2017.08.31 (Instagram)

관을 찾는 이유는, 그것이 내게 너무나 소중한 주말에 대한 예의이기 때문이다.

다음 주에도 어김없이 다가올 주말이건만, 사람들은 다시 못 올 것처럼 이번 주말의 끝을 아쉬워한다. 내일 출근을 위해서라면 일찍 잠을 자야 하지만 그보다는 가벼운 술자리나 밤마실이라도 다녀와야 월요일이 덜 힘들 것 같다. 사람들의 주말은 몸의 피로를 푸는 시간이 아닌 마음의 피로를 푸는 시간이기에, 늦게 자는 것이 문제되지 않는다. 아니, 늦게까지 꽉꽉 채워서 즐길수록 월요일을 버티기가 더 쉽다.

하지만 아직까지 많은 기업에서는 일요일에 대한 사람들의 니즈에 주목하지 않는 듯하다. 오로지 불금을 위한 파티를 준비해줄 뿐 일요일까지 사력을 다해 노는 사람들을 바라보지는 않는다. 그나마 트렌드에 가장 민감한 예능이 이 흐름을 발 빠르게 캐치해, 최근 다양한 프로그램을 일요일 밤에 방영하기 시작했다. 〈미운우리새끼〉가 그러하고, 〈효리네 민박〉이 그러하다. 〈비긴어게인〉은 그보다 더 늦은 일요일 밤 10시 30분에 시작한다.

이러한 예능은 다른 주말 프로그램 못지않은 시청률을 기록하며 사람들의 관심을 얻고 있다. 일요일 밤은 잠으로 채우기엔 너무 소중해졌다. 이 흐름을 잘 잡아낸다면, 불타는 금요일에 이어 불타오를 만큼은 아니더라도 모닥불 피울 정도의 즐거움을 일요일 밤에도 선사할 수 있지 않을까?

예열이 필요한 목요일, 위로가 필요한 월요일

──────── 이제 마지막 이
야기를 해보자. 화끈한 주말을 보내기 위해서는 그에 걸맞은 준비
가 필요하다. 그리고 그 준비는 당연히 평일에 이루어진다. 그럼에
따라 평일의 생활이 주말을 중심으로 재편되는 현상도 눈에 띄기
시작한다.

이제 술생각이 가장 많이 나는 요일은 금요일이 아니라 목요일
이 되었다. 물론 다음 날 출근해야 하지만, 금요일의 출근은 평소의
출근과는 발걸음부터 다르다. 전날의 술 때문에 생기는 피로 정도
는 문제가 되지 않는다. 오히려 다음 날의 '불금'을 위한 예열 차원
에서라도 목요일부터 흥을 돋울 필요가 있다. 물론 긍정적 측면에
서의 술 생각만 있는 것은 아니다. 목요일 밤에는 나뿐 아니라 같이
술 먹기 가장 싫은 상사도 술 생각이 나는 법. 그래서 직장인들 회
식은 목요일 밤에 가장 많다.

한편 여행 준비를 가장 많이 하는 요일은 수요일과 목요일이다.
목요일이야 여행 전날이니 당연하지만 수요일은 특별한 이유가 있
다. 많은 회사들, 특히 대기업에서 '패밀리데이' 제도를 시행하고
있다. 가족과 시간을 보내라는 취지에서 칼퇴근을 권장하는 날인
데, 그 패밀리데이가 주로 수요일에 있다. 그래서 수요일에는 여행
준비물을 살 수 있는 시간이 생긴다.

특히 책은 수요일에 서점에 들러 사는 것이 가장 좋다. 책은 여행
자가 필수적으로 가져가야 할 여행준비물 중 하나다. 여행은 여유

이며, 독서 또한 여유를 상징하기 때문. 이 둘이 만나 한 장의 사진에 담길 때, 우리는 진정한 여유를 표현할 수 있다. 그렇기 때문에 여행지에 걸맞은 책을 사러 서점에 들러야 하며, 가장 가기 좋은 날이 칼퇴근을 권장하는 수요일이다.

그런가 하면 위로가 필요한 요일도 있다. 화려한 주말 뒤에는 가장 어두운 월요일이 다가온다. 월요병이 상사병, 향수병보다 치료하기 힘든 난치병임을 모르는 사람은 없다.

하지만 2박3일에 대한 기대는 그런 월요일조차 변화시키고 있다. 월요일은 으레 생각하듯 밀린 업무에 치이는 날이 아니다. 오히려 새로운 주말을 준비하기에 가장 좋은 날이다. 다가올 주말에 갈 여행지를 고르고, 예약을 하는 날이 월요일이다. 실제로 인터파크 투어의 통계에 따르면 금요일에 여행객들이 가장 많이 떠나고, 월요일에 예약 비중이 가장 높다고 한다. 전체 항공권 예약의 17.6%가 월요일에 이루어지고, 주중으로 갈수록 점점 떨어져 토요일에는 9.4%에 머문다.

어떤가. 이렇게 일주일 7일의 모든 날들이 주말을 위해 사용되고 있다. 여전히 많은 직장인들이 매일 늦은 밤까지 야근을 하고 있지만, 나를 위해 가치 있는 삶을 살고자 하는 니즈는 끊임없이 치솟고 있으며 그러한 노력 또한 증가하고 있다. 그것이 주말에 폭발하는 것이다.

아울러 이것이 '일상을 위한 휴식'이 아니라 '여유를 위한 일상'

으로 변화하고 있다는 점 또한 주목할 만한 지점이다. 일상보다는 여유를 위해 살아가는 이들에게 부합하는 감성을 제공한다면, 그것이 곧 오늘날의 사람들이 원하는 가치를 선사하는 것일 테다.

[매주 찾아오는 2박3일에 대처하는 우리의 자세 · 시사점]

❶ 2박3일로 길어진 주말에 주목하라.

주말의 개념이 확장됨에 따라 상대적으로 시간적 여유가 생기게 되었고, 이것은
새로운 시장의 가능성을 열었다. 지금은 2박3일에 하는 활동이 여행으로만 대표
되지만, 2박3일은 무엇이든 할 수 있는 시간이다. 소비자들에게 다양한 활동을 할
수 있는 기회를 주면서 시장을 넓혀가라.

❷ 일요일을 놓치지 말라.

주말의 시작인 금요일 밤만 주목하지 말고 주말의 마지막까지 바라볼 필요가 있
다. 2박3일의 시간이 생겼다고 해도 주말은 언제나 짧고, 아쉽기 때문에 사람들은
주말의 마지막 날인 일요일 심야까지 놓치지 않고 그 시간을 부여잡는다.

❸ 그들이 원하는 것은
자신의 가치를 높여주는 것이다.

사무실에서 읽는 책은 노동이지만, 선베드에서의 책은 여유다. 같은 상품, 서비스
라도 어떻게 접근하느냐에 따라 그것의 가치가 다르게 나타난다. 그들의 마음을
건드릴 방법을 고민해보라.

Part 3
자기표현과 자율

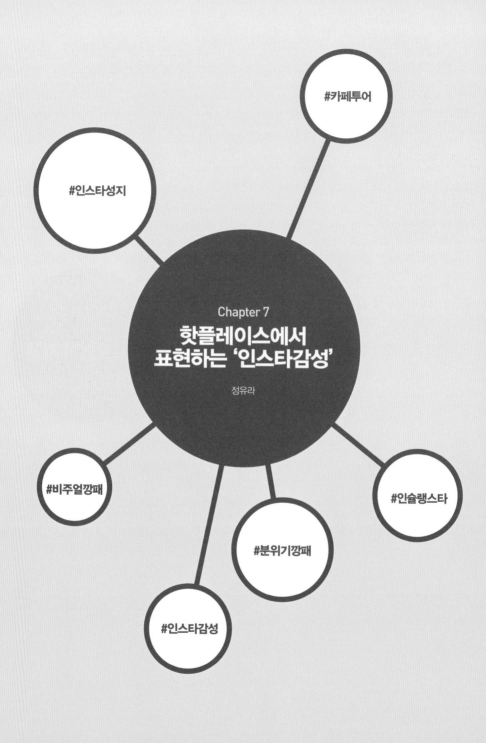

#카페투어

#인스타성지

Chapter 7
핫플레이스에서
표현하는 '인스타감성'

정유라

#비주얼깡패

#인슐랭스타

#분위기깡패

#인스타감성

핫플레이스란 말이 그야말로 핫하다. 한때 전국을 강타한 맛집 열풍이 이제는 핫플 열풍으로 어휘를 바꿔 확산되고 있다. 전국 각지에 우후죽순처럼 핫플레이스가 뜨고 지고 있으니, 대한민국은 365일 뜨거울 것만 같다.

2017년 현재 온라인에서 언급 증가율이 가장 높은 지역들은 연남동, 망원동, 한남동, 성수동, 익선동, 도산공원, 해방촌인데, 대부분 온라인상에서 '핫플레이스'라 언급되는 지역들이기도 하다. 삼성동, 잠실, 여의도 등이 기존에 '만남의 장소' 역할을 했던 메가 핫플레이스라면, 연남동 등의 장소들은 최근 온라인상에서 급부상하고 있는 핫플레이스 루키들이다. 이제부터 다룰 핫플레이스들은 물론 후자다.

너도 나도 간다는 그 핫플레이스의 정체는 무엇일까? 주말에 주차도 안 되는 동네에 힘들게 찾아가, 30분 웨이팅 끝에 커피 한 잔 마시고 나오면서 '정말 좋았다'고 말하는 핫플레이스. 사람들은 왜 이곳으로 향하고 있으며, 뭐가 그렇게 뜨겁고, 어떤 '플레이스'이기에 모두 저 동네로 가고 있는 것일까.

#인스타성지 #카페투어… 맛집에서 카페로

핫플레이스의 주
요 연관어는 2016년을 기점으로 '맛집'에서 '카페'로 변했다. 대한
민국은 명명백백히 커피 공화국. 인구당 스타벅스 수가 캐나다, 미
국, 싱가포르에 이어 가장 높다는 사실로도 증명할 수 있지만, 당장
우리의 커피 생활만 돌아봐도 실감할 수 있다.

그러나 이 핫플레이스와 함께 등장하는 '카페'는 스타벅스나 이
디야 같은 커피전문점을 말하는 것이 아니다. 사람들이 근처 스타
벅스를 놔두고 망원동이나 익선동의 스타벅스를 찾아갈 이유는 없
을 터. 사실 엄청난 커피 마니아가 아닌 다음에야 오롯이 커피 한
잔의 풍미를 위해 지도 앱을 욕하고 헤매가며 카페를 찾아갈 사람
은 많지 않다.

카페를 핫플레이스로 만들어주는 것은 TV프로그램이나 잡지, 블
로그가 아니다. 무분별한 맛집 블로거들에게 오염된 블로그의 권위
를 물려받은 것은 인스타그램이다. 미슐랭가이드에 버금간다고 하
여 '인슐랭스타'라는 말까지 등장할 만큼 인스타그램의 영향력이
엄청나다.

과거 강릉 테라로사나 전광수 커피 등은 차별화된 커피 맛으로
블로그 입소문을 타고 유명해졌지만, 이제는 묘사와 설명이 가능
한 맛과 메뉴 대신 '사진 한 장'으로 매력을 드러낼 수 있는 카페들
이 대세다. 이제 핫플레이스의 '카페'란 단순한 커피전문점이 아닌
'인스타 성지'를 뜻한다.

인스타그램의 수많은 피드 중 저절로 눈길이 가는 비주얼의 그곳. '여기가 어디지?'라는 궁금증을 갖게 하는 그곳. 내 친구도 가고, 심지어 이모도 다녀오고, 인스타그램 친구('인친님')도 다녀와 인증샷을 남긴 그곳이 '인스타 성지'다. 막상 방문하면 사람들로 가득 차 정신없는 내부와 긴 줄에 아연실색하지만, 그럼에도 사람이 없는 틈을 타 '한 컷' 찍어 올리며 "드디어 나도 와봄!"이라고 자랑하는 곳이 오늘 대한민국에서 '#인스타성지'로서의 핫플레이스다.

인스타그램을 통해 핫해진 카페는 그야말로 '성지'이기 때문에 성지순례의 대상, 즉 '투어' 장소가 된다. 한때 유행했던 '빵투어'가 서울을 비롯해 전국의 맛있는 빵집을 순례하며 빵덕후들에게 미식의 즐거움을 선사했다면, 카페투어는 전국의 핫플레이스 카페를 투어하는 것을 의미한다. '망리단길(망원동의 경리단길) 카페투어', '성수동 카페거리 투어', '제주도 카페투어'처럼, 특정 지역의 카페들을 두루 돌며 카페여행을 즐기는 것이다. 빵투어가 단단한 마니아층을 기반으로 일정 수준 이상의 언급량을 계속 유지하고, 상대적으로 '맛집투어'의 상승세가 주춤한 반면, '카페투어'의 상승세는 무서울 정도여서 2017년 1월을 기점으로 맛집투어 언급량을 추월했다. 대한민국의 식당이 맛집이냐 아니냐로 나뉘는 것과 같이, 지금 대한민국의 카페는 핫플레이스냐 아니냐로 나뉘고 있다.

그렇다면 '핫플레이스'에 대한 사람들의 관심이 맛집에서 카페로 옮겨간 것에서 우리가 주목해야 할 점은 무엇일까? 3가지 투어

〈'빵투어', '맛집투어', '카페투어' 언급량 추이〉

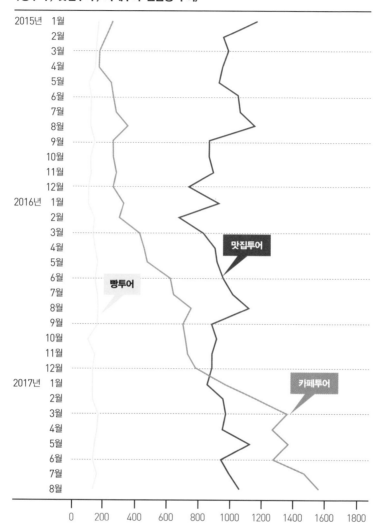

출처 | SOCIALmetrics™ 2013.01.01~2017.08.31 (Blog)

의 연관어를 비교해보면 단서가 나온다. 맛집투어와 빵투어에서는 단연 '맛'과 '메뉴'가 우선이다. 그러나 카페투어의 연관어 1위는 '사진'이다. 즉 카페투어는 맛보다 사진이 중요하다. 카페투어에서는 카페 특유의 분위기가 묻어나는 그 공간만의 인테리어를 찍을 수 있느냐가 관건이다. 즉 카페투어의 핵심은 에티오피아산 원두의 산미와 플로럴한 맛의 조합이 끝내주는 커피 '맛'이 아니라, 한 장의 사진으로 묘사되는 그럴싸한 '분위기'다.

주말에 후배가 뙤약볕 아래 낯선 길을 헤매며 좁은 골목길을 따라 찾아가서 30분을 기다린 끝에야 한 잔 겨우 마실 수 있는 카페투어에 기꺼이 동참하는 이유는 그 카페가 지닌 '분위기'를 느끼기 위해서, 아니 그 분위기를 '사진 찍기 위해서'다.

#분위기깡패 #비주얼깡패… 감성의 가치가 상승하다

분위기는 모든 것에서 생겨난다. 사람에게서도, 사람과 사람 사이에서도, 나와 장소 사이에서도, 장소 그 자체로도… 분위기는 어디에나 있다. 맥도날드나 파리바게뜨에도 '분위기'는 존재한다. 중요한 것은 물론 '어떤 분위기'인가다.

카페에서만 분위기가 중요해진 것이 아니라, 대한민국 전체가 '분위기'에 홀려 있는 듯하다. 사물과 장소의 실체보다 공기처럼 모호한 그 '분위기'라는 느낌이 그 어느 때보다 중요해졌다. 심지어 '분위기 깡패'라는 말까지 등장했다, 네이버오픈사전에 따르면 '독특한 느낌이 매우 뛰어남'을 비유적으로 묘사한 단어라고 한다. 이 말의 연관어로 가장 많이 언급되는 단어 역시 '카페'다. 커피의 맛, 장소가 가진 형상보다는 그 실재를 둘러싼 느낌에 의해 '핫플레이스'가 결정된다.

'분위기 깡패'라는 표현의 핵은 '독특한 느낌'에 있다. 기존에 봐 오던 것과는 달리 익숙하지 않아 보는 이로 하여금 어떤 새로운 감흥을 일으키는 무언가. '카페+분위기' 조합의 감성연관어를 봐도 '이색적'이고 '이국적'이라는 표현이 월등히 많이 나온다. 이로써 미루어 짐작하건대 사람들이 '핫'하다고 부르는 그 핫플레이스들의 온도는 '이국적이고 이색적'인 분위기에서 나온다.

예컨대 2017년 가장 핫한 동네 중 하나인 망원동에 '소셜클럽서울'이라는 카페가 있다. 테이블보 위로 떨어지는 샹들리에 조명이 인상적인 곳이다. 의자를 비롯해 모든 가구들이 하얀 천으로 싸여 있는데, 이것이 중세유럽 배경의 영화 속 만찬 장면이나 호러 영화의 저택 신에서나 봤을 법한 '이색적'이고 '이국적'인 분위기를 자아낸다. 집 앞 흔한 카페에서는 결코 느낄 수 없는, 그 카페에서만 실감할 수 있는 분위기가 이곳을 2017년의 핫플레이스로 만들었다.

이렇게 비현실적인 장면을 찍지 않고 버티기란 쉽지 않다. 핫한 동네에 새로 생긴 '신상 카페' 사진 한 장은 인스타그램 피드 속 수많은 사진 중에서 단연 빛나고, 마침내 '핫플레이스'로 등극해 '분위기 깡패'라는 호칭을 얻는 '#인스타성지'의 자격을 갖게 된다.

"오픈 직후 가려다가 기다릴 자신 없어서 못 가고 평일 월차 쓴 어제, 야무지게 다녀온 분위기 깡패로 유명한 망원 카페 소셜클럽서울. 위치에 한 번 놀라고 분위기에 또 한 번 놀랐던 곳이다."
"테이블보 천을 활용한 고급진 분위기의 소셜클럽서울 왜 SNS 인스타그램에서 핫할 수밖에 없는지 알 것 같다. 완전 분위기 깡패임. 결혼식장 웨딩홀 예식장 같은 유럽의 고급스러운 분위기에 순백의 화이트가 만들어내는 이쁨. 그리고 그 덕에 잘나오는 셀카까지 삼박자를 고루 갖춤."

그렇다면 흰 테이블보와 어둑한 조명을 갖추면 우리 카페도 인스타 성지가 될까? 생각해보면 매드포갈릭도 어두컴컴하고 '으스스한 분위기'는 비슷한 것 같은데 어째서 매드포갈릭은 핫플레이스가 아니고 소셜클럽서울은 핫플레이스가 되는 걸까? 매드포갈릭에도 분명 그 장소만의 '분위기'가 있는데 말이다. 매드포갈릭이 아닌 소셜클럽서울에만 있는 것이 있다는 뜻일까?

그렇다. 바로 '감성'이다.

감성은 고유한 성질이기 때문에 분위기처럼 쉽게 복제될 수 없다. 무인양품 스타일, 샤넬 스타일을 베껴 비슷한 '분위기'를 흉내낼 수는 있지만 흉내 내기로 감성까지 복제할 수는 없다. 감수성은 창작자의 철학과 취향이 감각화되어 외부로 뿜어져 나오는 고유한 성질이며, 감성은 그 제품이나 공간을 만든 사람의 감수성이 전달된 결과다.

요즘 뜬다 하는 핫플레이스들은 그 공간을 사랑하는 주인이 자신만의 고유한 철학을 바탕으로 만들어낸 하나의 '취향 전시장'과 같다. 한 개인의 오롯한 환상이 시각화되어 찻잔 하나, 티스푼 하나의 취향으로 구현될 때, 우리는 그것을 '감성'이라고 부르며 구태여 찾아가 줄을 서고 사진을 찍어 올린다. '#망원동핫플레이스 #감성카페 #분위기깡패'라는 해시태그를 줄줄이 달면서 말이다.

과거에는 값을 지불하지 않던 '감성'이라는 것에 사람들이 가치를 부여하고 돈을 내기 시작했다. 폐기된 트럭 방수천을 재활용하여 만든 브랜드인 '프라이탁' 가방의 가격은 20만 원에서 비싼 것은 70만 원이 넘는다. 누군가에겐 '쓰레기로 만든' 것에 불과한 그 가방에 사람들이 비싼 돈을 왜 들일까? 그것은 창업자인 프라이탁 형제가 지닌 철학과 미적 감수성, 즉 '감성'의 가치를 인정하고 값을 지불하기 시작했다는 것이다. 그리고 이제는 제품의 감성에만 돈을 지불하는 것을 넘어 장소가 지닌 감성에도 기꺼이 지갑을 열기 시작했다.

프랜차이즈 식당에 별다른 감성을 느끼지 못하는 이유는, 그것이 복제되고 대량생산되기 때문이다. 또한 그 감성이 철저히 '수익 극대화'를 겨냥해 조성되었기 때문이다. 복제할 수 없는 감성을 좇아 핫플레이스로 향하는 심리의 근간에는 이러한 '수익 극대화' 전략에 대한 거부감도 작용하고 있는 것 아닐까? 빌딩이나 건물에 입점한 카페보다 주택을 개조한 카페들이 더 인기를 얻는 이유도, '레디메이드'된 빌딩에 이식된 것이 아니라 주인장의 취향으로 하나하나 쌓아나가며 감성을 채워갔기 때문이다. 누군가의 고민과 취향의 에너지를 수혈받을 수 있는 곳으로 향하는 사람들이 많아진다는 것. 오늘의 '핫플레이스 카페' 현상이 우리에게 시사하는 바다.

그곳에 실현 가능한 환상이 있다

핫플레이스의 다른 말은 뉴 플레이스다. 핫플레이스는 새롭기에 뜨겁다. 이미지로 소통하는 최근의 SNS 환경에서 이미지의 매력도는 신선도에 비례한다. 물론 뒤이어 등장하는 온갖 '새로운 곳'들 사이에서 재방문을 유도하려면 '새로움' 이상의 독특하고 이색적인 매력을 어필해야겠지만 말이다.

현재 소셜미디어, 특히 인스타그램은 2030 세대에게 그 어떤 매체보다 강한 영향력을 지닌 미디어다. 스냅챗, 스노우 등이 전 세계적으로 주목받고 있지만 한국에서는 유독 인스타그램의 영향력이 강력하다. 인스타그램에 접속하기만 하면 내 취향에 맞춘 새로운 피드들이 기다리고 있다. 검색어를 입력하지 않아도 내가 좋아할 것만 같은 콘텐츠를 무한하게 보여준다.

사진 위주의 콘텐츠를 올리는 인스타그램은 SNS 중에서도 비교적 생산이 간단하다. 블로그처럼 정성 들여 장문의 설명을 할 필요도 없고, 유튜브처럼 영상제작 스킬을 필요로 하지도 않는다. 휴대폰만 요리조리 잘 움직이고 적절한 필터만 입힐 줄 알면 곧바로 콘텐츠 창작자가 될 수 있다.

이토록 쉽고 간편한 제작환경에서 기존보다 더 엄격해진 룰은 딱 하나, '새로움에 대한 강박'이다. 그 콘텐츠가 담고 있는 정서가 '빈티지'나 '아날로그' 혹은 '추억'일지라도 이미지 자체는 새로 워야 하고 기존과 달라야 한다. 콘텐츠의 제작주체와 소비주체 간의 경계가 사라진 SNS 시대에서 새로운 콘텐츠, 새로운 이미지에 대한 강박은 모두에게 부여된다. 매일같이 자신의 강아지 사진만 올리는 유저라 할지라도 강아지의 표정, 자세, 목끈, 하다못해 배경 이라도 '다르게' 올려야 한다. 동일한 맥락에서, 한 번 게시했던 곳 의 사진을 또 찍어 올리는 것은 인스타그램의 문법에 반하는 일이 다. 인스타그램에서 주목받고자 한다면 매번 다른 곳에 가야(인증해 야) 한다.

이때 핫플레이스는 '새로움'을 보여주기에 가장 적합하고 경제 적인 콘텐츠다. 매번 새로운 물건을 사서 올릴 필요도 없고, 새로운 옷을 입고 셀카를 찍을 필요도 없다. 매일 가는 곳에서 이번엔 어떻 게 다르게 찍을지 고민할 필요도 없다. 인스타 성지에 방문했다는 그 자체로 이미 충분하다. 남들도 다 찍는 포토존에서 비슷한 사진 을 재현하며 '숙제'를 완결하면 나 역시 '#성수동카페'라는 해시 태그로 분류되는 무한한 콘텐츠 생산자 중 한 명이 될 수 있다.

성수동의 '카페앤아더'에는 카페임에도 정원에 발을 담글 수 있 는 수영장이 있다. 누구도 수영을 하진 않지만, 모두 그곳에 앉고 싶어 한다. 물에 발을 담그고 '한 컷'을 남기고 싶기 때문이다. 성수동의 또 다른 핫플레이스 '어반스페이스' 역시 수영장을 택했다. 이 수영장에서는 모두 수영복을 입지 않고 수영을 한다. 키즈카페마냥 볼풀을 만들었기 때문이다. 한때 인스타그램을 비롯한 SNS를 뜨겁게 달구었던 홍학튜브와 백조튜브가 볼풀 위에 둥둥 떠다니고, 다 큰 어른들이 볼풀 위에서 논다.

두 카페의 공통점이 있다. 바로 '이색적'이고 '이국적'인 한 컷을 보장해준다는 점이다. 그리고 그 장면의 주인공이 내가 되기란 전혀 어렵지 않다. 〈꽃보다 청춘〉의 박보검을 따라 아프리카에 가기는 힘들겠지만, 인스타그램 속 한 컷을 재현하려면 그냥 그 카페에 가면 된다. 너무나 쉽게 실현 가능한 환상, 사람들의 작은 성취욕을 쉽게 충족시켜주는 것이 오늘날 핫플레이스의 새로운 역할이다. 달성률이 아주 높은 미션이랄까. 누구나 쉽게 방문하고, 인증하고, 올리면 되는 성지다. 핫플레이스 또한 SNS라는 미디어 속 환상이지만, 가상 세트나 가상현실이 아니다. 누구나 접근 가능한 곳이고, 웨이팅만 참아낼 수 있다면, 나도 새로움이라는 조건을 충족시킨 콘텐츠를 얼마든지 재현할 수 있다.

'우리는 젊어' 혹은 '우리는 알아'

지금 뜨는 핫플레이스들을 구분해보면 크게 두 가지 특성이 눈에 띈다. '우리는 젊어'를 온몸으로 외치는 연남, 망원, 성수, 익선동 인근과, '우리는 알아'를 외치는 한남, 도산공원.

전자는 이미 포화된 홍대, 종로 상권으로부터 한 발자국 벗어난 지역이라는 공통점이 있다. 비싼 임대료를 내고 교통의 요지라는 메리트를 얻는 대신, 찾아오긴 조금 어려워도 찾아올 수밖에 없는 그들만의 감성 즉 '취향'으로 승부를 보겠다는 것이다. 후자는 청담동이나 이태원이 지닌 클리셰와는 다른 그들만의 이야기를 가지고 있는 곳이다. 청담동이 가진 고급스러움에 대한 강박으로부터 벗어나 좀 더 캐주얼한 시도를 하는 '도산공원'이 있다면, 힙스터와 자유로움에 대한 강박으로부터 벗어나 조금 더 정갈한 시도를 하는 '한남동'이 있다.

'우리는 젊어'가 상징하는 바는 우리는 여전히 자유롭고 싶다는 것이다. 아이 엄마가 되어 유모차 손잡이를 쥔 순간, 갈 수 있는 나들이 장소는 주차와 유모차 관리가 용이한 대형몰밖에 없다는 것을 직감했기 때문일까? 허리를 굽히고 들어가야 하는 연남동의 주택을 개조한 그 핫플레이스 카페에서,

"남편은 의자가 불편해서 어서 일어나자고 보챘지만, 저는 그래도 여기 카페 분위기가 너무 마음에 들어서 조금만 더 있다 가자고 했어요… 그래도 케이크는 정말 인생 딸기케이크예요."

라고 말하며 불편을 감수하고 누려보는 지금 이 순간의 분위기는 단연 '젊음'이다. 교통의 요지에서 한 발자국 물러난 요즘의 핫플레

이스들이 주장하는 바는 '편리함'과 '고급스러움'보다는 '불편함'과 '무질서함'이다. 그것을 자발적으로 누리기로 작정한 취향 공동체에게는 불편함과 무질서도 '낭만'이라는 감성으로 읽힌다.

아직은 낭만을 간직한 이들은, 스마트폰으로 〈뽀로로〉를 트는 대신 인스타그램에 올리기 위해 쉼 없이 셔터를 누르고 '인생사진'을 발굴하며 '우리는 아직 젊다'고 외친다. 샤넬백보다 에코백이 멋지다는 것을 알고, 잘 다려지고 테일러링까지 완벽한 실크드레스가 아니라 구겨졌지만 멋스러운 리넨원피스의 자유분방함을 읽을 줄 아는 우리는 카페 주인장의 취향이 깃든 빈티지의자에 앉아 사진을 찍어 인스타그램에 올리며 적는다. '#인생딸기케이크 #핫플인증 #취향저격'

반면 '우리는 안다' 족이 상징하는 바는 안목의 가치다. 어느새 사람들은 카페의 의자, 조명, 심지어 화장실의 핸드워시와 핸드크림 브랜드까지 알아보고 논평하는 세밀한 안목의 소유자가 되었다. 그 카페에 놓인 것이 록시땅인지 에이솝인지 아니면 아이깨끗해인지로 그 장소의 분위기를 평가하고, 팬던트 조명의 브랜드까지 세세하게 따져가며 자신의 안목을 확인하는 데에서 희열을 느낀다.

한남동의 핫플레이스인 '언더프레셔'라는 카페에 가면 누구나 사진을 찍는 '한 컷'이 있다. 프리츠한센 의자, USM모듈러 가구가 한 컷에 들어오는 사진이다. 조명을 좋아하는 사람은 구석에 있는 우주선 모양의 조명 사진도 한 장 올린다. 이 사진들에는 어떤 '콘

텍스트'가 있다. 이 한 컷이 단순히 핫플레이스 인증용만은 아니라는 것이다.

이것은 나의 취향과 안목에 대한 인증이다. 취향은 더 이상 '존중' 정도를 요구하는 개성이 아니라, 한 사람의 경험과 그 경험을 가능하게 한 시간과 경제적 가치가 모두 축적된 안목의 결과, 즉 '자산'이다.

핫플레이스 카페를 만들어낸 사람들의 감수성을 제대로 읽고 이해했다는 '나'의 독해력은 내 (성숙한) 취향을 은연중에 내보일 수 있는 수단이 된다. 누군가의 눈엔 그저 우주선처럼 보이는 그 조명이 사실은 '루이스폴센'이라는 덴마크 조명브랜드의 '판텔라'라는 이름을 가진 아이였다는 것을 '나'는 알고 있으며 또 즐기고 있는 것이다. 나아가 내가 저 조명을 알아본다는 것은 인테리어에 대한 해박한 지식이 있다는 뜻이며, 이를 위해 인테리어 전문 인스타그래머와 블로거 혹은 해외 잡지를 통해 관련 지식과 정보를 튼튼하게 학습했다는 것을 말해준다. 누군가에겐 그저 앉기 불편한 의자인 덴마크의 가구 브랜드 프리츠한센의 세븐체어, 이케아에도 있을 것 같은데 한 칸에 무려 (국내 백화점 기준) 327만 7000원이나 한다는 세계 최초의 모듈러 가구회사 USM의 선반 등, 이른바 요즘 핫하다는 명품가구들을 해독할 줄 아는 사람들에게 이 카페는 길 건너 스타벅스리저브 매장과는 전혀 다른 취향의 공간이 된다.

"살까말까 고민하면서 쇼룸까지 가서 몇 번을 앉아봤던 프리츠한센

세븐체어에 앉아서 여유로운 평일 오후를 연차 내고 즐기는 중."

햇볕이 잘 드는 창가 자리, 가장 좋은 디자인체어에 앉아 고상하게 턱을 괴면, 함께 간 언니가 조명, 테이블, 체어 그리고 내가 고루 나오는 완벽한 한 컷을 위해 수십 번 셔터를 눌러준다. 나의 한 컷 찾기가 완료되면, 언니가 해줬던 일을 내가 그대로 되풀이한다. 뜨거워진 핸드폰을 부여잡고 가장 잘 나온 사진을 골라 필터를 잔뜩 입혀 인스타그램에 올리며 적는다. '#프리츠한센세븐체어 #핫플인증 #취향저격'

각자의 관심사에 따라 앙리 마티스의 드로잉이 그려진 에코백을 두고 '네 살짜리가 낙서한 천가방'이라고 말할 수도 있는 것이고, 아이들 장난감처럼 보이는 모빌이 알렉산더 칼더의 작품임을 알아볼 수도 있듯, 일부러 뽐내려 한 것은 아니지만 핫플 카페의 명품가구 한 컷을 통해 나의 탄탄한 인테리어적 취향이 은연중에 드러날 수는 있는 것이다.

젊음이든 지식이든, 취향과 안목을 오롯이 반영한 이 한 컷들은 설명 없이 간결하게 표현된 전시적 자산이다. 나를 표현하기 위한 방식, 내가 어떤 사람이고 어떤 안목을 가지고 있는 사람인지 표현하기 위한 도구로서 우리는 '핫플레이스'를 찾는다.

무엇이 인스타그램적 미장센을 완성하는가

━━━━━━━━━━ 인스타그램 시대의 핫플레이스는 블로그 시대의 맛집으로 대변되는 핫플레이스와는 작성방식이 다르다. 단 한 장의 사진으로 어필해야 하는 인스타그램은, 마음만 먹으면 100장도 올릴 수 있는 블로그와는 전혀 다른 이미지를 요구한다.

인스타그램을 통해 핫플레이스가 결정되는 오늘날, 핫플레이스의 조건은 어떤 것들이 있을까?

1980년대 MTV 감성, 1990년대 세기말적 감성 등으로 표현되고 이해되는 시대마다의 트렌드가 있다. 미니멀리즘의 대표주자인 무인양품, 자연친화적 공동체주의를 표방하는 〈킨포크〉처럼 브랜드나 매체에도 특유의 감성이 존재한다. 프라이탁이나 탐스 역시 스스로의 철학을 감성화하여 브랜딩한 대표적 사례다. 앞서 말했듯 우리가 공감하고 소비하는 '감성'이란 만든 이의 고민과 철학이 담긴 감수성의 결과물인데, 인스타그램의 등장과 함께 새로운 '감수성'이 나타났다. 바로 '#인스타감성'이다. 이 용어의 맥락을 이해하지 않고는 핫플레이스 카페의 특징들을 설명할 수 없다.

인스타그램 초기 유저들에게는, 플랫폼의 성격이 만들어낸 특유의 감성적 문법이 있었다. 정사각형 프레임의 이미지로만 소통해야 하는 인스타그램의 인터페이스에서 미학적 완성도를 높이려면 사진의 '대칭'과 '색감'이 가장 중요했다. 그렇기 때문에 초창기 인

〈'감성'의 기간별 상위 연관어〉

	2015년		2016년		2017년(~8월)
1	새벽감성	1	새벽감성	1	새벽감성
2	소녀감성	2	소녀감성	2	소녀감성
3	가을감성	3	필름감성	3	인스타감성
4	연희동감성	4	가을감성	4	필름감성
5	아날로그감성	5	아날로그감성	5	아날로그감성
6	겨울감성	6	찰나의감성	6	일본감성
7	앤디감성	7	일본감성	7	B급감성
8	필름감성	8	캐논감성	8	캐논감성
9	소소한감성	9	아홉개의빛아홉개의감성	9	저녁감성
10	꽃감성	10	겨울감성	10	제주감성
11	스튜디오감성	11	윤감성	11	밤감성
12	저녁감성	12	인스타감성	12	아침감성
13	아침감성	13	저녁감성	13	겨울감성
14	인스타감성	14	프랑스감성	14	유럽감성
15	여행감성	15	공대감성	15	내감성

출처 | SOCIALmetrics™ 2015.01.01~2017.08.31

스타그램의 감성사진이란 이른바 '항공샷', 즉 위에서 아래로 내려찍어 정사각 프레임 안에서 균형 좋은 구도감이 묻어나는 사진들이 대다수였다. 이런 작법을 깨우쳐 사진을 찍으면, 나의 일상도 마치 잡지 화보처럼 연출할 수 있으리라 믿었다. 이런 이유로 한동안 인스타피드에는 텅 빈 벽에 덩그러니 들어올린 오브제 사진이 수없이 올라왔고, 카페마다 의자에서 일어나 몸을 굽혀 자신의 '인스타그램 계정'이라는 잡지의 한 면을 위한 (나만을 위한) 독립 아트디렉팅의 향연이 펼쳐졌다.

그 후 '#인스타감성사진'은 조금 달라졌다. 오브제 하나로 내가 말하고자 하는 바를 다 표현하기 어려워졌기 때문일까? 이제 사진 한 장은 더 많은 말을 하고자 한다. 사진 속 인물의 목이 잘려 있더라도 그가 입고 있는 착장은 '#데일리룩'이라는 형태로 보여지면서, 그 착장과 완벽히 어울리는 분위기의 카페가 배경으로 펼쳐진다. 이것이 새로운 인스타그램이다. 즉 한 컷만으로 서사가 완성되는 종류의 사진이 새로운 '#인스타감성'인 것이다. 전자가 잡지의 제품 컷이라면, 이제는 배경까지 곁들여 완성된 서사를 연출하는 패션 화보로 옮겨갔다. 정물화에서 풍경화로 옮겨갔다고도 말할 수 있겠다.

앞으로도 '#인스타감성'은 계속 변화하겠지만, 그럼에도 놓치지 말아야 할 것은 '미장센'이다. 인스타그램 특유의 (감각적인 선각자들이 미리 개척하여 전파한) 미장센을 다수의 팔로워들이 스스로의 피드에 복제하여 붙여 넣고 있다. 새로움을 추구한다면서 미장센을 복제하다니, 식상하게 느껴질지도 모르겠다. 그러나 미장센의 클리셰를 벗어나는 순간 읽히는 시간도, 창작하는 시간도 오래 걸리므로 웬만하면 안전하게 자신의 의도(서사)를 전달할 수 있는 '#인스타감성'을 수혈한 사진을 찍게 된다. 누가 시키지 않아도 다 똑같이 찍게 되는 거울 셀카의 구도처럼, 사람들은 특정 주제별 대표 미장센들을 암암리에 학습하여 재현하고 있다. 피사의 사탑에 가면 시키지 않아도 탑을 받치는 사진을 찍고, 에펠타워 앞에 가면 누구나 한 번쯤 손바닥 위에 타워를 올려놓는 '연출'을 하듯, 지금 대한민국에서는 핫플레이스 카페들이 그런 '상징적인 연출구도' 즉 인스타그램적 미장센을 만들고 있다.

결국 오늘날의 핫플레이스는, 한 컷에 담기는 완벽한 (대표적) 미장센을 만들 수 있느냐로 결정되며, 미장센이 상징하는 서사가 풍부할수록 그 한 컷은 더욱 매력적이 된다.

"인스타에서 이 컷으로 찍길래 나도 찍어봄ㅎㅎ 딱 이 각도에서 찍으면 마치 유럽 느낌이 남."
"도시 속에서 뻔하지 않은 여유로움을 즐기는 척 한 컷을 찍어봄. 이렇게 햇살 들어오는 성수동 커피샷이 요즘 인기라고 함."

인스타그램의 프레임 안에서 매혹적인 미장센을 구현할 수 있는 곳은 이른바 '공식 포토존'이 된다. 그런 장소가 하나라도 존재한다면 그 카페는 일단 핫플레이스로 전파되기 위한 최소한의 조건은 갖춘 것이다.

물론 핫플레이스의 포토존에도 일종의 규칙이 있다. 앞서 언급한 미장센이 도대체 어떤 '스타일'이어야 그곳이 핫플레이스가 되는 것일까? 피사의 사탑 연출과는 다른, 롯데월드의 포토존과는 다른, 정동진의 모래시계 벤치와는 다른 핫플레이스 카페의 미장센은 어떤 스타일이어야 하는 것일까?

이름도 생소한 익선동을 핫플레이스로 만든 주인공은 '식물 카페'다. 하지만 이미 '에코 열풍'을 타고 수많은 카페들이 식물 카페를 표방했으나 익선동의 식물 카페처럼 화제가 되었던 적은 없었다. 무엇이 수많은 식물 카페 가운데 이곳만을 핫하게 만들었을까?

익선동은 생기를 잃어가는 서촌이나 삼청동이 가지고 있던 '한옥 감수성'을 여전히 유지하고 있는 대안적 장소다. 생소한 지명과 한옥이라는 요소가 시너지를 일으켜 더 '새롭고' '이색적'이며 수많은 피드 속에서 유독 빛나는 한 컷을 만들 수 있었다.

익선동의 한옥 정서처럼, 핫플레이스로 떠오르는 지역들에는 타 지역과 공유하지 않는 각자만의 특수 키워드들이 있다. 이들 특수 키워드는 다른 말로 하면 '코드'다. '청담동 스타일', '강남 스타일'에서 말하는 스타일도 엄밀히 말하면 '코드'다. 압구정 오렌지족, 홍대클러버, 이태원 라운지바, 가로수길 디저트카페, 청담동 레스토랑처럼 그 지역을 대표하는 '코드'들이 있다. 뉴욕의 '소호'와 '어퍼이스트'가 다르고, 도쿄의 '시부야'와 '마루노우치'가 다르고, 파리의 '생제르맹'과 '마레'가 다르듯, 서울의 청담동과 익선동도 다르다. 그 다름은 그 지역을 찾는 사람들의 특성과, 그 지역을 이루는 구성요소들에서 나온다.

앞서 핫플레이스들이 유리한 입지조건을 포기하는 대신, 비교적 저렴한 임대료에서 자신의 취향을 펼치기를 택한 사람들의 공동체 라고 말했다. 편리한 교통, 유모차 도로, 수유실, CGV, 이마트, 쇼핑 아케이드 등 사람들을 불러 모으는 것 어느 하나 가지지 않았지만, 그 모든 것을 상쇄하는 한 가지가 있으니, 바로 그들만의 감수성이 다. 이는 분기별 매출목표 달성을 위한 '대기업' '전략' '회의' 끝 에 만들어진 산물이 아니라, 자신만의 감수성을 지닌 젊은 '개인' 들의 고민과 도전의 결과다. 이윤 극대화보다 취향 극대화를 목표 로 한다. 즉 지금의 핫플레이스들은 계획적으로 기업이나 대자본 이 투여된 곳들이라기보다는, 자신만의 철학을 가진 개인들이 삼삼 오오 모여 만들어낸 공동체, 커뮤니티의 개념이다. 한 개인과, 그와 비슷한 철학을 공유하는 사람들이 모여서 커뮤니티가 만들어진다. 카페를 만든 사람도, 그곳을 찾는 사람도, 같은 코드를 공유하는 커 뮤니티의 일원이다.

그렇게 만들어진 감성은 지역마다 제각각이다. 고급스러운 매장 으로 즐비한 청담동 명품 거리에, 건축계의 노벨상이라 불리는 프 리츠커 상을 수상한 세계적인 건축가 크리스티앙 드 포 잠박이 4년 간 설계해 오픈한 크리스찬디올의 청담 플래그십스토어에서 맛보 는 피에르에르메의 2만 2000원짜리 이스파한 아이스크림에 담겨 있는 감수성과, 런던 유학파 출신의 패션 포토그래퍼 루이스 박이

〈핫플레이스별 연관 키워드〉

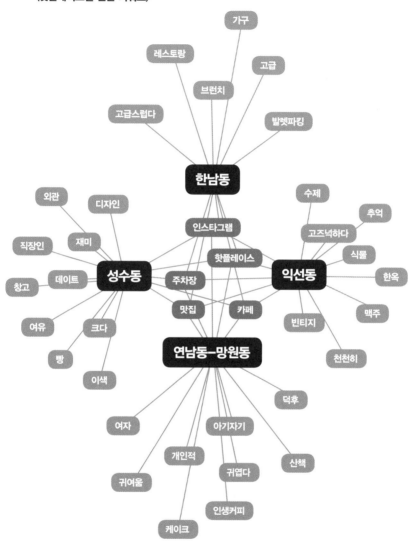

출처 | SOCIALmetrics™ 2015.01.01~2017.08.31

익선동의 한옥을 개조해 만든 '식물 카페'의 4500원짜리 아메리카노에 담긴 감수성은 무척 다를 것이다. 무엇이 더 좋고 나쁘고를 가를 수는 없다. 이는 어디까지나 선호의 문제, 즉 취향의 문제이기 때문이다.

연남동의 주택감성, 성수동의 공장감성, 익선동의 한옥감성, 한남동의 고급스러운 주택감성 등, 핫플레이스에는 그 지역이 가진 특수성이 잘 반영되어 있다. 프랜차이즈 전문점과 대기업이 만든 레스토랑으로 가득한 강남역이나 가로수길, 명동이 결코 넘볼 수 없는 개인들의 감수성이다. 이것이 지닌 저력과, 개발되지 않은 지역의 고유한 특성이 뿜어내는 아우라가 시너지를 만든다. 그때 비로소 '#인스타감성'의 미장센이 완벽하게 코드화된 취향을 보여주게 된다.

일본에서 공부한 잡지 에디터가 주택을 개조해 차린 아기자기한 느낌의 망원동 카페의 케이크 사진에는 소박하지만 낭만적인 분위기가 꽉 차 있다. 그런가 하면 예전 정미소 창고자리를 멋들어지게 개조한 성수동 대림창고 카페에서 찍은 사진에는 높은 천장과 자연채광이 주는 자유로움과 커피 한 잔의 여유가 함께 담겨 있다. 둘 모두 동시대의 핫플레이스 카페이지만, 그것을 향유하는 사람들의 취향과 분위기는 사뭇 다르게 느껴진다. 작고 아기자기한 연남-망원 감성과, 크고 자유로운 성수동의 감성은 코드화된 취향으로 자리 잡아 그 취향에 공감할 수 있는 사람들을 끌어 모으고 있다.

서로 다른 개성을 지닌 지역이 많아진다는 것은 그만큼 사람들의 취향이 다양해지고 있다는 뜻이며, 나아가 그 취향이 지역과 맞물려 코드화된 공동체를 만들어가고 있음을 보여준다. 물론 이 자생적인 골목상권 공동체는 내 취향에 꼭 맞는 감성이라면 불편을 감수하고 기꺼이 가격을 지불하겠다는 라이프스타일의 변화가 있기에 가능했다.

핫플레이스 탐방을 두루 마치고 나름의 안목이 형성될 때쯤이면 우리에게도 단단한 '취향'이라는 것이 생긴다. '나만의 코드'를 찾아가는 것이다. 나는 청담동의 고급 카페가 맞는 유형일 수도 있고, 해방촌의 이국적인 펍이 어울리는 유형일 수도 있고, 성수동의 창고감성에서 자유로움을 만끽하는 유형일 수도 있다. 그게 무엇이든 내 취향을 저격하는 지역적 감수성을 온전히 누리면서 나만의 핫플레이스를 방문하면 된다.

핫플레이스를 넘어 디스트릭트로

지금 핫플레이스들을 만드는 사람들과 찾는 사람들이 만든 라이프스타일의 변화가 시사하는 바는 크게 3가지로 요약할 수 있다.

첫째, 새 시대의 플랫폼이 원하는 미장센을 충족시켜야 한다는 점이다.

다시 말해 예쁘게 찍히는 공간이 필요하다. 비단 장소에만 국한

되는 이야기가 아니다. 제품 역시 어떻게 찍히느냐, 어떤 뉘앙스로 어떤 미장센으로 찍히느냐를 고려해야 한다. 운이 좋다면 센스 있는 선각자가 우리의 제품을 자발적으로 아름답게 찍어 올려 인기를 얻을 수 있다. 그러나 찍히는 미장센의 조건은 무척이나 까다롭다. 무턱대고 인기 있는 미장센을 베끼는 것은 아류에 불과하다. 자신만의 미장센을 만들기 위해서는 브랜드와 장소 등에 대한 깊은 고민이 필요하며, 그 고민은 자신의 철학과 취향에 근거해야 한다.

둘째, 감성이라는 매력에 기꺼이 돈을 지불하는 시대가 왔다는 점이다.

그만큼 '취향'이 모든 것에 우선하는 고려요인으로 자리 잡았다. 물론 이 또한 남의 감성이 아니라 '자신만의 감성'이어야 한다. 매력의 힘은 그것이 원본일 때 나오며, 쉽게 복제될 수도 없다. 성수동의 대림창고를 잇는 창고형 카페들은 그저 대림창고의 아류일 뿐이며, 식물 카페와 유사한 한옥형 식물 카페 역시 차별점이 없다면 매력의 온도가 낮다. 우리 브랜드의 철학은 무엇인지, 그 철학은 어떤 감성을 뿜어낼 수 있는지 생각해보자. 사람으로 의인화하여 생각해보는 것도 좋다.

셋째, 새로운 공동체의 탄생에 주목할 필요가 있다.

이제 핫플레이스는 플레이스를 넘어 디스트릭트(district)로 발전해 그들의 감성을 공유하는 구역을 만들어내고 있다. 성수동 일대의 카페는 모두 대규모로, 연남동의 작은 카페들과는 전혀 다른 감성을 선보인다. 새로운 공동체의 탄생은 새로운 '코드'의 탄생이며, 이는 사람들이 새롭게 원하기 시작한 '그 감성'을 가리킨다. 사람들이 어떤 장소를 찾는다는 것은 그곳의 감성 정체성을 추구한다는 뜻이며, 새롭게 부각된 그 '감성'은 대한민국에 상륙한 새로운 '가치관'을 반영한다.

하이데거나 니체를 빌려올 필요도 없이, 철학이란 어떻게 살아가고자 하느냐에 대한 자신만의 답을 구해가는 과정이다. 어떤 사람은 허름한 주택에서 담담하게 양갱을 만들어가면서 자신의 하루를 빛내고, 어떤 사람은 오래된 한옥을 개조해 유럽 빈티지 가구를 들이고 다양한 식물을 키우면서 조화로운 변주를 꿈꾼다. 어떤 철학을 바탕으로 어떤 환상을 품고 살아가며, 그 환상을 어떻게 구현할지에 대한 깊은 고민을 장소 혹은 제품에 녹여낸다면, 그것을 경험한 소비자들이 알아서 '#인스타감성'을 부여하고 그들만의 미장센을 만들어 널리널리 전파할 것이다.

지금 서울은 각자의 취향을 기반으로 특정 지역에 모이는 코드화가 분주히 이루어지고 있다. 내가 겨냥하고자 하는 소비자가 어떤 감성의 소유자이며, 어떤 곳에서 시간을 보내는지에 주목하자. 새로운 취향 공동체의 탄생을 눈여겨보고, 그들이 원하는 것이 무엇이며 어디에서 매력을 느끼는지 관찰하면 지금 이 시대의 감수성을 어렴풋하게나마 느낄 수 있을 것이다. 지금 이 시대의 감수성을 파악하는 일이야말로 소비자를 읽는 가장 깊은 수고일 것이다.

❶ 핫플레이스가 되는 장소에 주목하자.

맛집, 카페 그다음 핫플레이스를 주도할 공간은 어디가 될까? 핫플레이스의 주요
연관어로 포착되는 그 '공간'에 주목하자.

❷ 감성의 가치에 주목하자.

감성에 돈을 지불하기 시작했다. 감성은 철학의 결과다. 이제 브랜드의 '감성'은
우리 브랜드만의 고유 '스펙'이 될 수 있다.

❸ 우리 제품, 서비스만의 '미장센'이 필요하다.

제품 단독으로 존재하기보단, 여러 가지 연출을 통해 가장 예뻐 보이는 구도를 연
구하자. 단순히 디자이너에게만 의존할 것이 아니라 아트디렉팅에도 보다 신경을
써야 한다.

❹ 카페는 새로운 쇼룸이다.

카페에서의 경험들, 즉 '볼풀', '수영장', '새로운 식기', '새로운 조명'의 경험들
이 집으로 확장될 수 있다. 당장 소비로 이어지지 않더라도 새로운 학습의 장소가
되는 핫플레이스 카페를 쇼룸으로 적극 이용하자.

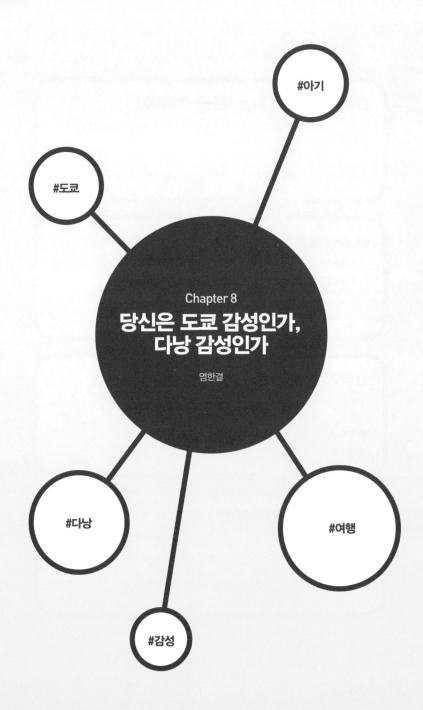

#아기

#도쿄

Chapter 8
**당신은 도쿄 감성인가,
다낭 감성인가**

염한결

#다낭

#여행

#감성

여행에 대한 관심은 사시사철 현재진행형이다. 블로그에서 여행 관련 글이 맛집보다 많이 나오며, 인스타그램의 게시물 40건당 한 건은 '#여행'이라는 해시태그를 달고 있다. 언제부터 여행이 이렇게 우리 삶 한가운데에 당당히 자리 잡게 되었을까. 6장에서 언급한 대로 사람들은 2박3일의 주말을 보내면서 더 많은 여행을 가고, 국내뿐 아니라 지구 어디서든 한국사람을 볼 수 있을 정도로 우리는 어디로든, 어떻게든 떠난다.

오늘도 많은 사람들이 '이번엔 어디로 가볼까' 하고 심사숙고해 여행지를 고른다. 우리 가족만의 특별한 추억이 만들어지길 바라면서 바다가 예쁘고, 석양이 아름다우며, 여유롭게 누워 있을 선베드가 있고, 음식이 맛있는 곳을 열심히 검색해본다. 기왕이면 한국사람이 많지 않은 곳으로. 그래서 누구에게든 최고의 여행을 보내고 왔다고 자랑하고 싶게 특별한 여행 루트를 짜고 출발한다.

그러나 특별한 신혼여행을 꿈꾸며 외국의 외딴 섬에 왔는데 막상 가보면 이미 한국의 신혼부부들 천지고, 우리 가족만의 추억을 만들 수 있는 여행을 계획했건만, 온통 나처럼 어린아이를 데리고 온 가족들뿐이다. 여행지마다 비슷한 유형의 여행객이 방문하는 일종의 패턴이 생긴 것이다. 누구의 영향도 받지 않고 나 스스로 찾고 계획해 온 여행이건만 우리의 여행은 일정한 패턴이 있다. 함께 갈 대상을 고려하고, 여행 일정을 정하고, 어느 정도 알아보다 보면 우리는 어느덧 같은 곳을 바라보고 있다.

가까운 지인 한 명이 들려준 이야기다. 그녀는 항공사 승무원인데, 매달 초가 되면 그달에 있을 비행 스케줄을 전달받는다고 한다. 재미있는 것은, 스케줄을 보면 어느 비행기에 어떤 사람들이 탑승할지가 저절로 그려진다는 것이다. 그리고 그것은 대부분 정확하게 일치한다고 한다. 특히 7월이 그렇다. 해마다 7월이 되면 그녀는 '제발 괌만은 걸리지 마라'고 바라게 된다고 한다. 왜냐. 7월의 괌은 부모들이 아이와 함께 여행가기 가장 좋은 곳이다. 비행시간이 약 4시간 정도로 아이들이 그리 힘들어하지 않고, 리조트와 바다가 있어서 아이들이 놀 곳이 많으며, 더불어 부모들도 편히 쉴 수 있어서 어린아이를 둔 가족여행으로 최적의 장소다. 그래서 여느 때보다 어린아이들이 비행기에 많이 타고, 승무원들도 덩달아 바빠질 수밖에 없다. 아이들을 위한 전용 식사를 따로 준비해야 하고, 오랜 비행시간으로 지겨워진 아이들이 뛰어다니기라도 하면 일일이 쫓아가서 제지해야 한다. 그때마다 괜히 아이 부모의 눈치를 보는 것은 덤이다.

승무원들이 경험을 통해 직감하듯, 우리는 사실 비슷한 유형의 여행을 하고 있다. 특정 시기가 되면 온 국민이 물고기떼처럼 공항을 찾아오고, 여행지 별로 다시 비슷한 생김새의 물고기떼들로 나뉘어 이동한다. 그만큼 행선지 별로 여행객의 유형이 비슷하다. 특히 해외여행에서 두드러지는데, 괌이 아이 또는 가족들과 함께 가기 좋은 여행지라면 칸쿤을 가는 여행객들은 대부분 신혼부부다. 같은 휴양지라도 여행지에 따라 찾는 사람이 달라지는 것.

물론 과거에 비하면 오늘날의 여행지 선택은 분명 다양해졌다. 수학여행은 무조건 경주, 신혼여행은 무조건 하와이나 제주도였던 시절과 비교하면 요즘은 수많은 나라, 수많은 도시를 다닌다. 하지만 선택지가 다양해진 것이지, 그곳을 방문하는 사람들의 유형이 완벽하게 달라진 것은 아니다. 여행지를 선택하는 기준은 모두 비슷하며, 내가 아무리 열심히 고민하고 비교해서 선택해도 그곳에 가보면 우리와 비슷한 한국사람들이 곳곳에 지나가고 있을 것이다. 오늘도 비슷한 유형의 사람들이 그곳을 향해 공항으로 떠난다.

먹고 노는 도쿄, 쉬고 즐기는 다낭

아무리 나도 떠나고 너도 떠나는 여행이지만, 이왕이면 내가 떠난 여행을 남들이 부러워해주면 좋겠다는 생각을 누구나 한다. 타인의 여행과 내 여행의 비교창구는 이번에도 인스타그램이다. 나는 지금 근교에 있는 강가에서 물장구를 치며 인스타그램에 들어갔는데 가장 친한 친구가 하와이의 석양을 배경으로 칵테일 마시는 사진을 올렸다. 씁쓸하다. 비교는 여행 후에도 계속된다. 학생들은 개학해서 학교에 가면 방학 동안 뭐했냐는 안부인사를 통해 은연중에 비교를 하고, 직장인들은 책상 위에 올려진 휴가지 기념품을 통해 알 수 있다. 말없는 비교의 장 (場)에서 내가 더 좋은 곳을 다녀왔다는 인정을 받기 위해 사람들은 지난번보다 더 알차게 여행을 계획하고, 핫한 여행지를 탐색하며, 남들보다 저렴하게 가기 위해 미리 계획하고, 예약을 한다.

그렇다면 이른바 '핫한 여행지'는 어떻게 결정되는 것일까? 시기에 따라 유행하는 여행지가 있다. 최근 가장 많이 뜬 여행지는 괌, 오키나와, 후쿠오카, 대만, 다낭 등이다. 특히 일본은 2015년 이후 제주도를 따돌리고 명실상부한 1등 여행지가 되었다. 국내여행 경비와 별반 차이가 없고, 미리 계획해서 예약하면 오히려 국내보다 저렴하게 여행을 다녀올 수 있어 사람들의 관심을 더욱 많이 받게 되었다. 괌의 경우는 앞에서 언급한 대로 여행의 가장 큰 고려요인인 '아이'를 염두에 둘 때 짧은 거리이지만 휴양지의 역할을 제대로 하고 있어 꾸준히 관심이 높아지고 있으며, 최근에는 태교여행으로도 각광받고 있다. 다낭은 2016년 직항노선이 생김에 따라 관심과 수요가 늘고 있다.

뭐니뭐니 해도 여행지의 인기를 가장 많이 견인하는 것은 방송이다. 2017년 초반에 방영된 〈윤식당〉의 촬영지인 롬복 길리 트라왕안은 원래 한국인의 발길이 뜸한 곳이었다. 하지만 방송 이후 이곳은 한국인들의 관심을 한몸에 받았고, 방송이 끝난 후에도 한국 관광객이 증가하고 있다. 드라마 〈도깨비〉의 극중 배경으로 등장한

〈'여행' 연관 여행지 추이〉

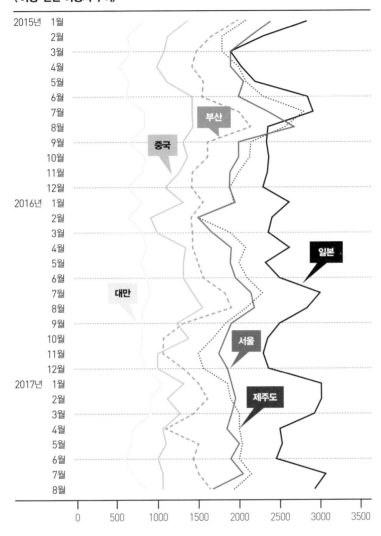

출처 | SOCIALmetrics™ 2015.01.01~2017.08.31

캐나다 퀘백은 방영 후 여행상품 예약이 70% 이상 증가했으며, 패키지여행을 다룬 예능 프로그램인 〈뭉쳐야 뜬다〉는 방송된 지역의 관광객이 전년대비 평균 30% 이상 증가하는 효과를 봤다. 이처럼 방송에 나온 지역에 사람들의 관심이 쏠리고, 각종 여행상품이 쏟아져 나온다. 그것도 방송이 시작되자마자.

"발권완료!!! 발리1박+트라왕안 3박+발리2박 자유여행??????? … 나도간다 #윤식당나도간다 #발리 나도간다 #트라왕안 #발리 #발리여행 #길리트라왕안 #윤식당촬영지 #6박8일 #다이어트 #밤비는어디에"

방송이 시작되고 정확히 3주 후에 인스타그램에 올라온 게시물이다. 인기 프로그램에 나온 여행지가 화제가 되면 곧바로 사람들은 그곳으로 떠나고, 방송 내내 인기는 지속된다. 그러다 방송의 영향이 식으면 해당 여행지에 대한 관심도 점차 줄어든다. 방송으로 뜬 곳의 숙명이다.

그런가 하면 세월의 부침 없이 지속적으로 인기를 끄는 여행지들이 있다. 도쿄가 그렇고, 괌이 그렇다. 이곳들의 장수비결은 무엇일까?

그것은 바로 여행지 특유의 감성에 있다. 한국에서는 느낄 수 없는 감성을 주는 여행지일수록 한국인들의 관심이 지속적으로 이어진다. 한국과 매우 가깝지만 전혀 다른 감성이 나타나는 도쿄가 그러하고, 한국에서는 경험할 수 없는 휴양지들의 느낌이 그러하다.

사람들은 끊임없이 여행을 갈망한다. 하지만 단순히 '떠나고 싶어서'거나 다양한 경험을 하기 위해 떠나는 것은 아니다. 이는 여행 패턴의 변화에서도 나타난다. 유럽여행을 여전히 많이 가지만, 최근에는 일주일 동안 7~8개 나라를 돌기보다는 파리 여행, 런던 여행 등 한 도시만을 방문해 쭉 그곳에 머문다. 하루에, 그것도 수도만 잠시 방문했다가 또다시 다른 나라에 가 유명 박물관에 들러 사진만 수십 장 찍고 또다시 떠나는 것이 아니라, 한 곳에 장기간 머물며 그곳을 느껴보고 싶어 한다. 그들이 느끼고 싶어 하는 것은 그 지역의 공간과 사람들이 전하는 감성이다.

물론 그 감성도 궁합이 맞아야 한다. 내가 느끼고 싶은 그 감성을 그곳이 가지고 있어야 행선지로 선택될 수 있다. 친구들과 클럽에 가서 신나게 놀며 즐기고 싶다면 스페인 이비자에 갈 것이고, 회사 생활로 지친 당신에게 휴식과 위로가 필요하다면 다낭에 가서 선베드에 누워 독서를 할 것이다. 내가 원하는 감성과 여행지가 주는 감성이 일치할 때 우리는 그곳으로 떠난다. 즉 내가 느끼고 싶은 감성에 최적화된 곳을 방문하는 것이 요즘 여행의 트렌드다.

특히 최근 여행에서 각광받는 감성은 '휴식과 여유'다. 이 두 감성은 바쁜 일상을 살아가는 현대인들에게 보상의 역할을 한다. 지친 일상을 빠져나와 여행을 통해 심신을 위로하고, 여유를 만끽할 수 있게 해준다.

그런데 똑같은 위로와 보상이라도 지역에 따라 휴식과 여유라는 감성은 다시 두 가지로 나뉜다. 억지로 말을 만들면 '도쿄적 감성'과 '다낭적 감성'이라고 할까? 두 지역 모두 휴식과 여유를 제공하지만 약간의 차이가 있다. 이는 해당 지역별 연관행위에서 단적으로 드러난다. 도쿄에서 상대적으로 두드러진 행위는 '먹다'이고, 다낭에서 두드러진 행위는 '쉬다'이다. 먹고 노는 도쿄, 쉬고 즐기는 다낭이다.

도쿄는 과거부터 한국인들이 즐겨 찾는 여행지였다. 가장 가까운 나라이면서도, 한국과 전혀 다른 분위기를 느낄 수 있어서 선호되었다. 게다가 요즘은 저가항공 노선이 증가하고 물가도 예전보다 저렴하게 느껴져 국내보다 더 많이 찾는 여행지가 되었다. 특히 주말에 다녀올 수 있다는 장점 때문에 짧은 휴식으로서의 역할을 톡톡히 했다.

반면 다낭의 감성은 최근 급격히 주목받고 있다. 이는 휴양지로 대표되는 휴식과 여유의 감성이다. 그곳을 찾는 이들이 원하는 것은 관광을 하고 다양한 프로그램을 체험하는 것이 아니다. 한 자리에 편히 머물며 그저 쉬는 것이다. 최근 괌, 다낭, 오키나와 등 휴양지에 대한 관심이 지속적으로 높아지는 이유이기도 하다.

오키나와는 되고, 도쿄는 안 된다

휴양지가 각광받는 또 한 가지 이유는 여행 동반자의 언급비중에서 확인 가능하다. 소셜 빅데이터에서 여행 동반자로 점차 많이 언급되는 대상이 있는데, 바로 '아기'다. 여행 동반자로 많이 언급되는 이들 중에서도 꾸준히 상승하고 있다. 더 흥미로운 점은 국내여행보다 해외여행에서 '아기'에 관한 언급이 더 두드러지게 늘고 있다는 것이다.

그런데 상식적으로, 아기와 해외여행이 가능할까? 혼자 알아서 놀 수 있는 것도 아니고, 해외에서 의미 있는 경험을 할 수 있는 연령대도 아닌데 말이다. 더욱이 아기와 여행하려면 준비할 것도, 챙길 것도 몇 배로 늘어난다. 옷뿐 아니라 먹을 것에 기저귀에, 심지어 평소 놀던 장난감들도 잔뜩 싸서 가져가야 한다. 그리고 방문할 여행지에 아기가 놀거나 체험할 것이 많아야 한다. 자연풍광이 아무리 멋져도 아기에게는 관심 밖이다. 놀이동산 또는 야외활동이 가능한 관광지가 최소한 하나는 있어야 하며, 호텔에 아기도 이용할 수 있는 풀장 정도는 있어야 한다. 게다가 다치거나 아프기라도 하면 어쩔 것인가.

이처럼 어린 아기를 데리고 다니는 것은 번거로운 일투성이인데, 그럼에도 부모들은 꿋꿋하게 아기와 함께 해외로 떠난다. 만 2세 이하 아기에게 나오는 무료 비행기 티켓 특전 때문일까? 설마 그러랴 싶겠지만 실제로 많은 부모들이 비행기표가 무료라는 이유로 어린 아기를 데리고 부지런히 해외여행을 떠난다. 부모 자신들의 비행기 값은 생각하지 않고, 쓸 수 있을 때 무료 티켓을 사용하지 않는 것은 돈 낭비이고 현명하지 못하다고 생각한다.

〈여행 동반자 언급비중 추이〉

2015년 상반기	2015년 하반기	2016년 상반기	2016년 하반기	2017년 상반기
아이 20.2%	아이 19.9%	아이 20.5%	아이 20.5%	아이 20.9%
친구 19.2%	친구 19.5%	친구 18.7%	친구 18.9%	친구 18.3%
혼자 17.6%	혼자 17.7%	혼자 16.9%	혼자 16.9%	혼자 16.6%
가족 17.7%	가족 16.8%	가족 17.6%	가족 17.4%	가족 17.5%
남편 14.9%	남편 15.4%	남편 15.3%	남편 15.0%	남편 14.8%
아기 9.8%	아기 10.1%	아기 11.4%	아기 11.7%	아기 12.3%

출처 | SOCIALmetrics™ 2015.01.01~2017.06.30

그러나 무료 티켓이 이유의 전부는 아니다. 여기에는 부모 세대에 대한 이해가 필요하다.

과거에는 해외여행을 규제하는 법이 있었다. 한때 과소비 풍조를 추방하기 위해 해외여행 자체를 규제했고, 그것이 우리 부모님 세대까지 이어졌다. 그러다 1990년대에 규제가 완화되었고, 지금의 30대들은 어린 시절 부모님과 함께 해외여행을 떠난 첫 세대가 되었다. 하지만 본인은 물론 부모님들도 해외여행 경험이 거의 없었던 터라, 당시 해외여행은 매우 신기한 경험이자 두려운 도전이었다. 그래서 해외여행을 가면 온 식구가 김포공항에 나가 배웅을 하고, 몸조심하라고 당부하곤 했다. 그때의 아이들이 자라 30대 부모가 되었다. 유년시절에 엄마아빠의 손을 잡고 해외여행을 다녀온 이후 몇 번의 해외여행 경험을 한 터라 해외에 가는 것이 더 이상 낯설거나 두렵지 않다. 그래서 아기가 태어나면 자연스레 새로운 가족여행을 계획하게 된다.

또한 이는 부모 자신들을 위한 여행이기도 하다. 특히 엄마에게는 육아에 대한 보상이다. 결혼 전에 어학연수와 여행 등을 자유롭게 누리던 엄마들은 매일매일 겪는 육아의 고통을 여행이라는 여유를 통해 보상받으려 한다. 때로는 아빠 없이 아이와 둘이서만 떠나기도 하며, 심지어 어떤 경우는 아이와 엄마만 프레스티지석에 앉고 아빠는 이코노미석에 앉아 가기도 한다. 실제로 비행기에 오르면 프레스티지석을 이용하는 아이들이 늘어난 것을 어렵지 않게 발견할 수 있다. 이들이 여행을 통해 얻고자 하는 것은 바쁜 일상생활에 대한 보상의 감성이다.

그러나 여행의 주된 목적이 본인에 대한 보상에 있더라도 대외적인 명분은 어디까지나 아기에게 있다. 아기에게 좋은 경험을 주겠다는 것. 그렇기 때문에 여행지에서 아기를 위한 조건들은 매우 중요하다. 일단 아기들은 장거리 비행이 힘들기 때문에 4시간 내의 거리에 있어야 하며, 여행 동안 유모차를 끌고 다니기 편해야 한다. 아울러 유모차를 끌고 관광명소를 이곳저곳 돌아다니기보다는 한곳에 머무는 것이 부모 입장에서도 편하다. 그래서 아기와의 여행은 휴양지로 떠나게 되는데, 이 모든 조건에 완벽히 부합하는 여행지는 그동안 괌으로 대표됐다. 하지만 최근 노선이 증가하면서 새로운 대안이 나타나기 시작했다. 다낭이 그러하고, 세부 또한 가능하다.

반면 가까워도 아기를 데리고 가기 힘든 곳이 있다. 바로 도쿄다. 다른 여행지와 달리 유독 도쿄 여행에서는 아기에 대한 언급 비중이 현저히 낮다. 심지어 여행 동반자로 좀처럼 나오기 힘든 '시아버지'보다도 아기의 언급이 낮다. 그만큼 아기와 함께 여행할 때 도쿄는 섣불리 선택할 수 없는 여행지라는 뜻이다.

"아기와 해외여행을 준비하신다면 무조건 휴양지 추천해요. 도쿄는… 교통수단이라고는 지하철. 지하철이 우리나라보다 엘리베이터가 없는 거 같아요ㅜㅜㅜ 나중에는 유모차를 들고 계단 오르고 내려가고 그랬어요… 극기 훈련이 따로 없었네요 ㅋㅋㅋ"

〈여행지별 여행 동반자 언급 순위〉

도쿄		오키나와		제주도		괌	
1	친구	1	아이	1	아이	1	아이
2	혼자	2	**아기**	2	남편	2	**아기**
3	아이	3	남편	3	친구	3	남편
4	엄마	4	가족	4	혼자	4	가족
5	가족	5	혼자	5	**아기**	5	엄마
6	남편	6	친구	6	가족	6	아들
7	**시아버지**	7	엄마	7	엄마	7	친구
8	언니	8	부모	8	부모	8	부모
9	동생	9	아들	9	아들	9	딸
10	**아기**	10	딸	10	딸	10	혼자

출처 | SOCIALmetrics™, 2015.01.01 ~ 2017.08.31

"길 물어보랴 방향 찾으랴… 엘리베이터 찾으랴… 정말 저날이 가장 하드캐리였던것 같다. 아기를 데리고 도쿄 여행 가실 분들에게 도쿄 지하철은 정말 비추라고 말씀드리고 싶네요…"

"웬만한 지하철에선 유모차랑 캐리어를 끌고 다닐 수 있는 엘리베이터가 설치되어 있는데, 긴자선은 정말 잘되어 있지 않아서, 혼자 유모차 캐리어 가방2을 가지고 계단을 오르내려야 했다. 최악이야. 긴자선!!ㅜㅜ"

일본 여행, 특히 도쿄 여행의 경우 교통수단으로 렌터카보다는 대중교통을 주로 이용하는데, 잦은 지진 때문에 도쿄 시내의 대다수 지하철에는 엘리베이터 시설이 없다. 아무래도 유모차로 이동하기에는 불편할 수밖에 없어서 아기 엄마들은 도쿄를 선호하지 않는다. 반면 같은 일본이라도 오키나와는 여행객들이 대부분 렌터카를 이용하기 때문에 아기를 데리고 여행하는 이들에게는 도쿄보다 오키나와가 더욱 선호된다.

그 외에도 아기와의 여행에서 가장 중요한 요소 중 하나는 아기 전용침대다. 해외의 호텔은 대부분 바닥이 카펫이다 보니 아기를 바닥에 재울 수가 없다. 그렇다고 아기를 높은 침대에 재우면 떨어질까 봐 불안하다. 그래서 부모들은 아기 전용침대가 구비된 호텔을 찾는다. 또한 여행 중 들르게 될 식당에 아기 의자가 있는지 일일이 확인한다. 하지만 아직까지 그런 세세한 정보까지 제공하는 여행사이트는 많지 않다.

최근 아기와 함께 여행 동반자로 각광받고 있는 대상이 있다. 바로 반려동물이다. 대한항공에 따르면 반려동물과 기내에 동승한 국제선 승객은 2014년 5314명, 2015년 5465명, 2016년 5940명으로 꾸준히 증가했다고 한다. 바야흐로 1000만 반려인 시대다. 반려동물을 가족처럼 생각하는 사람들은 내가 라면을 먹을지언정 '우리 아기'에게는 소고기 안심 사먹이기를 망설이지 않는다. 그런 이들이 여행을 떠날 때 반려동물을 집에 혼자 두고 갈 리 만무하다. 일부 몰지각한 사람들 때문에 여전히 휴가철만 되면 유기동물 문제가 이슈에 오르지만, 그래도 반려동물과 동반 여행을 하는 경우가 증가하고 있다. 그와 함께 동물을 동반할 수 있는 여행지가 뜨기 시작했고, 숙소의 경우에도 동반 가능한지 여부가 매우 중요해졌다.

아직까지는 반려동물과의 여행이 많지는 않지만 관심만큼은 점차 증가하고 있다. 아기가 그렇듯 반려동물이 여행에서 중요한 고려요인이 될 수 있으며, 반려동물과의 여행 시장 또한 커질 가능성이 있다. 이를 반영하듯 대한항공은 반려동물 동반 여행 횟수에 따라 혜택을 제공하는 '스카이펫츠 서비스'를 2017년에 신설했다.

이곳이 아닌 그곳의 감성으로 '나'를 말한다

인스타그램의 등장으로 우리는 여행지의 감성을 담은 사진을 찍고, 공유하는 데 익숙해졌다. 여기에 올리는 사진들의 감성은 나를 대표하는 감성이 되고, 그럴수록 더욱 그 감성을 잘 담을 수 있게 노력한다. 나는 최근에 다녀온 휴가지의 그 감성을 지니고 있으며, 그 감성이 지금의 나를 대표한다. 나 또한 피드에 떠오른 누군가의 여행사진을 보며 그의 감성이 어떠한지 짐작한다. 그러한 감성은 일상생활에 돌아와서도 꽤 오랜 시간 지속된다.

더러 이런 경우도 있다. 여행은커녕 사무실에서 며칠째 야근을 하던 중, 작년에 갔던 여행지의 사진을 인스타그램에 올린다. 주변 사람들의 인스타그램을 보면 뜬금없이 외국에 있는 친구의 사진을 심심치 않게 목격했을 것이다. 사진 밑에는 이런 글이 달린다.

"어머!! 언니 지금 파리예요?"
"와 ○○씨는 여행 자주 다니는 듯 완전 부럽~~"

그러면 그 밑에

"아니에요. 작년에 갔던 파리 사진 지금에야 올림."
"그냥 예전에 찍었던 사진들 보다가 생각나서…"

라는 글쓴이의 답글이 달린다. 사무실에 있는 오늘의 나 대신 휴대폰 앨범을 뒤져 작년 파리에서 찍은 추억의 사진을 올려놓은 것이다. 지금 내가 원하는 감성은 어두컴컴한 사무실이 아닌 파리 에펠탑 앞의 잔디에서 와인 한 잔 하는 여유로움인 것이다.

〈인스타그램 '#1년전' 해시태그 언급 추이〉

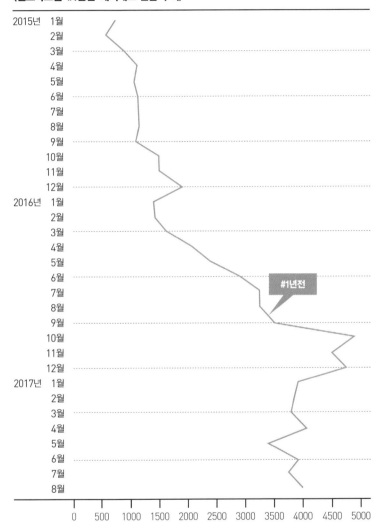

출처 | SOCIALmetrics™ 2015.01.01~2017.08.31 (Instagram)

사람들은 이제 가본 곳을 늘려가며 '미션 클리어'하는 식으로 여행하지 않는다. 자신이 추구하는 감성과 일치하는 여행지를 찾으면 몇 번이고 계속 방문한다. 작년에 동유럽에 갔으니 올해에는 미국을 가보겠다는 식이 아니다. 도쿄의 감성을 좋아하는 사람은 올해도 도쿄를 가고, 내년에도 도쿄를 갈 것이다. 그리고 그것을 한 장의 사진으로 인스타그램에 표현함으로써 도쿄의 감성과 나의 감성을 일치시킨다.

감성이 중요해지고 있다는 것은 국내여행에서도 여실히 드러난다. 물론 여전히 국내여행을 선택하는 요인 중 하나는 그곳에서만 먹을 수 있는 특산물이지만, 점차 먹는 것에만 그치지 않고 그곳의 감성을 느끼고 싶고, 공유하고 싶어서 방문하는 경향이 늘고 있다. 대표적인 곳이 여수다. 여수는 2012년 전과 후로 나뉜다고 해도 과언이 아닐 정도로 이제는 특유의 감성을 가진 도시로 바뀌었다. 이제 여수는 '갓김치'가 아닌 '밤바다'가 가장 먼저 떠오르는 도시가 되었고, 한국의 모든 해안 중 밤바다의 감성이 가장 짙게 나타나는 곳이 되었다.

국내 여행지에서 가장 빠르게 언급량이 올라가고 있는 곳 중 하나인 강릉도 그렇다. 더 이상 강릉은 바다 보면서 회를 먹거나 해수욕을 즐기러 가는 곳이 아니다. 이곳의 감성은 '여유'다. 사람들이 강릉을 말할 때 가장 많이 언급하는 키워드는 '카페'다. 사람들은 이제 강릉에서 가장 맛있는 커피를 먹는다고 한다.

"강릉에 가서 가장 먼저 도착한 곳이 테라로사 커피공장. 강릉에 대단한 커피 브랜드들이 많이 있더군요… 앞으로 강릉 하면 커피가 떠오를 정도가 되지 않을까 생각이 듭니다."

"언제부터인가~ 강릉 하면 커피거리를 떠올리게 되는데요 처음으로 와본 커피거리는 젊음의 낭만이 가득합니다 바다와 커피 환상의 조합이 일품입니다."

특정한 감성을 좇아 여행지의 부침이 생기는 것은 비단 우리나라만의 현상이 아니다. 여행을 사랑하는 수많은 나라 사람들에게서 동일하게 나타나는 현상이며, 우리나라를 방문하는 외국인들도 마찬가지다. 그들은 한국의 문화를 경험해보고 싶어 한다. 그렇다고 한복 체험만 하면 끝인 게 아니다. 한국의 전통문화뿐 아니라 현재 한국사람들이 향유하는 감성을 느끼고 싶어 한다.

일본어 간판이 보이는 한국 관광명소의 풍경과
일본어 간판만 보이는 일본 관광명소의 풍경

하지만 한류 열풍으로 갑자기 주목받은 터라 한국의 관광문화는 우리만의 감성을 전달하기보다는 관광객의 비위를 맞추는 데 급급한 모양새다. 중국어 간판을 달고, 중국어 능통자를 매장에 배치해가며 외국인 관광객들을 최대한 배려하려고 노력하고 있다. 그러나 한국을 방문한 이들이 원하는 것이 그런 친절일까? 우리가 가급적 한국인이 많지 않은 여행지를 물색하는 것처럼, 그들 또한 현지인들이 많이 가는 곳을 찾아 방문한다. 중국어 간판이 가득한 명동에 중국인들의 발길이 뜸해지는 데에는 이런 이유도 있다. 생각해보라. 미국 뉴욕에 쉑쉑버거가 유명하다고 해서 수십 명이 단체로 그곳에 가서 버거를 먹게 하는 여행 프로그램이 있다면 당신은 참여하겠는가? 아마 창피해서라도 그 자리에 있고 싶지 않을 것이다.

　많은 여행객들이 현지의 감성을 직접 느끼러 그곳을 방문하고 있고, 그러한 현상은 점점 강화되는 추세다. 단순히 관광객의 시선으로 유적지를 감상하고, 맛집을 찾아가는 것을 넘어 현지의 감성을 느끼고자 한다. 그러한 감성은 잠깐 동안 눈으로만 본다고 느낄 수 있는 것이 아니다. 그곳에 머물면서 여유로운 시간을 보내야 실감할 수 있다. 이러한 이유로 사람들은 관광이 아닌 여행을 떠난다. 그 시작은 이미 오래전부터였고, 최근에 더욱 두드러졌을 뿐이다.

[당신은 도쿄 감성인가, 다낭 감성인가 · 시사점]

❶ 편의보다 감성을 제공하라.

사람들은 무조건 효율적이고 경제적인 것보다는, 조금은 느리고 조금은 불편하더라도 특유의 감성을 향유하고 싶어 한다. 편의를 위해 고유의 감성을 버리는 어리석은 일을 하지 말라.

❷ 아기를 주목하라.

여행동반 대상으로 아기의 비중이 지속적으로 커지고 있다. 하지만 아직까지 아기를 위한 상품 및 서비스는 많지 않다. 아기에 특화된 상품을 기획하고, 현지의 아기 관련 정보를 제공하라.

❸ 이 모든 것은 바쁜 일상에 대한 보상이어야 한다.

대외적인 명분은 아기에게 있다고 하더라도, 여행의 진정한 목적은 바쁜 일상을 치열하게 보낸 본인에 대한 보상이다. 그들을 진정으로 위로해줄 방법을 고민하라.

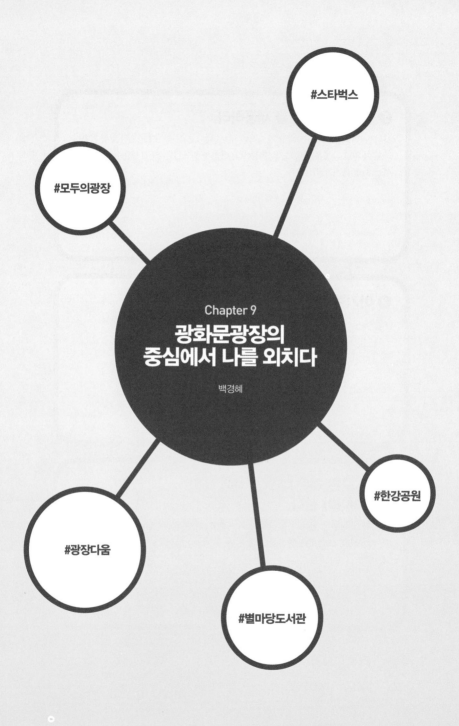

Chapter 9
광화문광장의
중심에서 나를 외치다

백경혜

#스타벅스

#모두의광장

#한강공원

#광장다움

#별마당도서관

촛불이 떠난 자리

2009년 여름날, 광화문 앞 세종대로 한가운데에 '역사 회복'과 '시민을 위한 광장'이라는 큰 사명을 가지고 광화문광장이 태어났다. 소셜미디어에서 추적해본 8년 전의 광화문광장은 개장 후 2년 동안은 소위 '오픈빨'을 누리며 시민, 길, 공간, 문화 등의 키워드로 대표되었고, 여러 사람이 모여서 뜻을 함께할 수 있는 열려 있는 넓은 공간으로서 사전적인 역할을 잘 수행하는 것처럼 보였다. 하지만 개장 3년째 접어들면서 집회 장소가 되고, 이를 진압하는 경찰이 광장에 진입하기 시작하면서 광화문광장은 특정 목적을 가진 사람들이 목소리를 내는 공간으로 변화했다. 노조 집회, 정부 정책에 반대하는 시위, 슬픔을 애도하는 추모 등으로 채워지기 시작했다. 이렇게 9년이 지나고, 광화문광장은 누구나 아는 대로 촛불로 대표되는 집회의 상징이 되었다.

2016년 10월말부터 이듬해 3월까지 어느 때보다도 뜨겁게 불타올랐던 촛불행진과 함께 소셜미디어에서의 광화문광장도 함께 뜨거웠다. '광화문'을 이야기한 수십만 건의 문서 중 '촛불'을 함께 언급한 문서가 40%에 이를 정도로 광화문광장과 촛불은 떼어낼 수 없는 관계였다.

하지만 지금부터는 40%의 뒤편에 잠시 가려졌던 60%가 말했던 광화문광장에 대한 이야기, 그리고 촛불이 꺼지고 따뜻한 봄이 찾아온 이후 광화문광장의 모습을 이야기해보고자 한다.

인스타그램에서 최근 1년여간 '광화문광장'의 연관어 변화를 살펴보았다. 촛불집회 이전에는 데이트를 즐기거나 먹거리를 찾아다니고 탁 트인 하늘을 바라보는 등 일상을 즐기는 모습들이 있었다. 하지만 촛불집회 기간 동안에는 촛불을 들고 대통령의 하야를 외치는 모습이 두드러졌다.

그러나 여기서 놓치지 말아야 할 점은 그 기간 동안 일상을 즐기던 이들이 사라지고 촛불이 일제히 그 자리를 채운 것이 아니라는 점이다. 광장 한 켠에서는 촛불과 상관없이 자신의 일상을 즐기던 이들이 여전히 존재했고, 오히려 누군가에게는 결연한 집회의 장소조차 오랜만에 지인들과 회동하는 자리로서 일상의 또 다른 모습으로 받아들여졌다. 촛불집회 기간 동안 소셜미디어 상에서 광화문 인근의 '맛집', '카페' 그리고 '데이트'가 급증한 것이 단적인 증거다. 촛불을 드는 사람들 따로, 데이트하는 사람들 따로가 아니라, 친구들과의 술자리 혹은 연인과의 데이트 전후에 촛불집회라는 명분으로 함께 모여 일상을 더 의미 있게 만드는 행위를 했던 것이다. 아니, 오히려 촛불집회를 통해 친구와의 만남과 데이트가 더 활발해졌다고 말하는 것이 맞겠다.

〈촛불집회 기간 전후의 '광화문광장' 연관어 추이〉

	촛불집회 전 (2016년 7~9월)		촛불집회 기간 (2016년 10월~2017년 3월)		촛불집회 후 (2017년 4~8월)
1	먹스타그램	1	촛불집회	1	경복궁
2	서울	2	서울	2	서울
3	경복궁	3	촛불	3	종로
4	디타워	4	박근혜	4	먹스타그램
5	맛스타그램	5	박근혜하야	5	디타워
6	종로	6	경복궁	6	맛스타그램
7	맛집	7	박근혜퇴진	7	맛집
8	교보문고	8	먹스타그램	8	청계천
9	청계천	9	종로	9	카페
10	주말	10	집회	10	데이트
11	세종문화회관	11	탄핵	11	주말
12	카페	12	대한민국	12	이태원
13	데이트	13	디타워	13	종각
14	종각	14	촛불시위	14	교보문고
15	서촌	15	세월호	15	서촌
16	한복	16	시위	16	점심
17	커피	17	최순실	17	시청
18	삼청동	18	민중총궐기	18	퇴근
19	야경	19	시청	19	스타벅스
20	점심	20	맛스타그램	20	커피
21	포시즌스호텔	21	민주주의	21	출근
22	일상	22	퇴진	22	나들이
23	하늘	23	맛집	23	토요일
24	인사동	24	종각	24	포시즌스호텔
25	브런치	25	강남	25	브런치
26	시청	26	데이트	26	서울여행
27	세종대왕	27	청계천	27	일요일
28	먹방	28	청와대	28	세종대왕
29	직장인	29	세종문화회관	29	날씨
30	가을	30	카페	30	뮤지컬

출처 | SOCIALmetrics™ 2016.07.01~2017.08.31 (Instagram)

〈촛불집회 기간 전후의 '광화문광장'과 주요 일상 연관어 추이〉

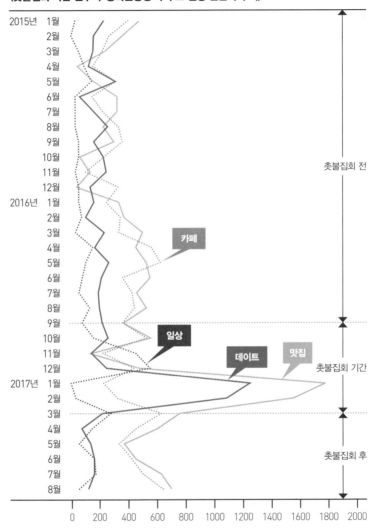

출처 | SOCIALmetrics™ 2015.01.01~2017.08.31

"광화문광장에 촛불집회 커플로 오는 분들 완전 부러워요. 일석이조 집회도 함께 참여하고 하루 종일 데이트도 즐기고."

"이번 주말에도 다녀온 광화문광장. 집회라기보단 축제 같다. 이렇게 많은 사람들이 한 목소리로 원하고, 외치는게 신기하다. 남친 덕분에 더 의미가 있게 댕겨왔다 고마워♥ #광화문광장 #촛불 #하야 #퇴진 이와중에 #촛불데이트"

그렇다면, 촛불이 사라진 지금의 광화문광장은 어떤 모습일까? 그곳은 변함없이 맛집과 카페를 찾고, 광화문 데이트를 즐기는 커플들, 그리고 점심식사를 하고 출퇴근하는 직장인들의 평화로운 일상의 모습으로 채워지고 있다.

부족한 광장, 부족한 자기표현의 공간

'광장'이라고 하면 가장 먼저 무엇이 떠오르는가? 한국사람들은 다들 '광화문'을 가장 먼저 떠올릴까? 아니면 또 다른 광장이 있는 '시청'을 떠올릴까? 정답은 재미있게도 '여행'이다. 우리나라 사람들에게 광장은 '서울', '광화문'보다 '여행'과 가장 가깝다. 왜 그들은 광장을 여행의 장면과 함께 떠올릴까?

역설적으로, 이는 한국에 진정한 광장이 존재하지 않기 때문이다. 그래서 해외에서 진짜 광장을 보고 로망을 느끼는 것이다. 소셜미디어에서 여행 중에 언급된 광장의 연관어를 분석해보면 '인상적이다'라는 표현이 가장 두드러진다. 뒤를 이어 '평화롭다', '낭만적이다', '아름답다' 그리고 '부럽다'라는 감성이 이어진다. 세비아의 스페인광장, 이탈리아의 산마르코광장, 체코의 바츨라프광장, 벨기에의 그랑플라스광장 등, 한국사람들의 시선에서 바라본 유럽의 광장은 사진 찍기 좋은 낭만적이고 이국적인 공간을 넘어선다. 광장을 즐기는 현지인들의 여유로운 일상마저 부러워지는 공간이다.

> "생각해보면 지금까지 여행 다닌 모든 동네마다 광장이라고 할 만한 것들이 하나 이상은 있었다. 요런 광장 문화는 참 좋은 것 같다. 우리나라에도 이런 광장이라고 할 만한 곳이 있을까… 뭐 광화문이나 시청 앞 광장 정도인데, 사람들의 표정과 광장의 느낌이 사뭇 다르다."
> "이곳 뉴욕의 광장 문화가 늘 부럽다고 생각한다. 높은 건물이건 유명한 사람이 지은 건물이건 간에 그 주변을 사람들이 자유롭게 찾고 즐길 수 있는 광장으로 조성한다는 것. 우리나라에도 그런 문화가 좀 더 확산돼서 느긋하게 여유를 즐기면 좋겠다"

앞서 말했듯, 광화문광장에도 언제나 일상이 존재했고, 촛불이 가득한 순간에도 시민들은 한 켠에서 일상을 즐기고 있었다. 이순신동상을 등지고 주위를 둘러보면 홀로 커피 한 잔의 여유를 즐기는 사람도 있고, 누군가와 함께 거니는 사람들도 있고, 물놀이를 하는 아이들의 모습도 있고, 포켓몬을 사냥하는 사람도 있고, 한국에

놀러온 외국인들의 모습도 볼 수 있다. 이렇듯 유럽의 광장에서 만났던 외국인들의 모습을 우리나라에서도 볼 수 있는데, 왜 우리는 해외의 광장을 동경할까?

가장 큰 이유는 한국의 광장은 아직 정치적 상징성이 강한 것이 현실이기 때문이다. 광장이라는 이름을 붙이고는 있지만 그 안에서 여유를 즐기고 싶은 시민들은 온전한 광장을 느끼지 못하고 집회를 먼저 떠올린다. 여유롭게 광장을 즐기는 반대편에서는 피켓을 들고, 천막을 설치하고 서명을 받고 있는 사람들이 늘 있고, 정치적인 목적에 따라 누구에게나 열려 있는 '모두를 위한' 광장의 기능이 마비되기도 하는 역사를 겪어왔기 때문이다.

무엇보다도 광화문광장은 건축학적으로도 광장의 기능을 100% 수행하기 어려운 태생적 한계가 있다. 둘러보면 서울의 광화문광장, 시청광장뿐 아니라 대도시인 부산, 대구, 인천에도 시민을 위해 열려 있는 진짜 광장은 존재하지 않는다. 우리나라는 땅이 좁기도 하지만, 상업적 목적의 건물들이 먼저 들어선 상태에서 나중에 광장을 배치한 탓에 애초에 계획도시로 만들어져 시청과 같은 공공건물 앞을 광장으로 설계한 유럽과 차이가 시작된다. 서울의 중심거리인 세종로를 자동차 중심의 공간에서 인간 중심의 공간으로 바꿔보려 했지만, 현실적인 한계로 반쪽짜리 시도에 그치고 말았다. 광장까지 가려면 무조건 횡단보도를 건너야 하고, 광장 주변으로 달리는 차들 때문에 아이들이 마음껏 뛰어놀기도 어렵다. 또한 12차선 도로의 중간에 섬처럼 존재하다 보니 잔디를 밟거나 편하게 앉아서 쉬기도 애매하고, 차도에 갇혀 있는 기분마저 든다. '세계 최대의 중앙분리대'라는 별명만 보더라도 광화문광장이 얼마나 열려 있음과 먼 공간인지 알 수 있다.

간혹 광화문광장이 진짜 사람들을 위해 열린 광장의 모습을 보일 때도 있는데, 그때가 바로 대규모 집회가 열려 자동차 진입이 통제될 때다. 월드컵의 거리응원전, 촛불집회의 축제화는 열려 있는 광장 본연의 자유로움을 열망하는 사람들의 욕망이 투영된 것이 아닐까?

이 땅에 엄연히 존재하는 광화문광장을 광장으로 인정하지 않고, 저 멀리 있는 유럽 광장들에 대한 로망을 이야기하는 한국인들은, 넓은 공간을 목적 없이 시민에게 내어준 유럽에 부러움을 느끼고, 시민에게 열려 있는 광장의 부재에 아쉬움을 느끼는 것이다.

물론 단지 넓은 공간을 펼쳐놓았다고 광장의 상징성을 부여받는 것은 아니다. '목적성 없이 모든 이에게 열려 있는 공간'이 광장의 핵심이다. 지금의 광장은 '시민을 위한 광장' 외에 항상 다른 목적이 공존하고 있다. 더러는 그 다른 목적이 원래의 목적을 해치기도 한다. 도시를 마케팅하는 수단으로 드라마 촬영을 하면서 정작 시민의 이용을 막기도 하고, 대형 이벤트와 각종 기념행사가 끊이지 않는 바람에 광장이 아니라 박람회장 같아 보일 때도 있다. 광장은 그냥 광장으로만 존재해도 될 텐데, 광장 위에 매일 새로운 볼거리들이 올라간다. 광장의 공간 그대로를 내 방식대로 즐기고 싶은데,

광장은 자꾸 무언가 역할을 맡으려 하고 나에게 와보라고 손짓까지 한다.

떠올려보면, 광장의 존재감을 뽐내던 공간이 있었다. 2000년대 초반의 대학로를 기억할 분이 있을지 모르겠다. 마로니에 공원 혹은 문예회관 대극장 앞의 작은 공간에서는 곧잘 춤판이 벌어지곤 했다. 지금이야 버스킹이라는 이름으로 거리에서 기타를 들고 노래를 부르고 비보잉이라는 이름으로 그들의 춤을 볼 수 있지만, 거리공연이 흔치 않았던 그 시절에는 작은 앰프를 놓고 맨바닥에서 열심히 춤추던 청년들의 모습들이 마냥 신기했고, 몸짓으로 표현하던 그들의 자유로움에 지나가던 사람들은 발길을 멈추고 지켜보며 환호했다. 단체나 기관이 의도한 것이 아닌, 자발적으로 자신을 표현하던 개인들과 그것을 즐기던 개인들이 자연스럽게 그곳에 존재했다.

하지만 어느 날인가 그들은 마로니에 공원에서 사라졌다. 해당 구청에서 길거리 공연 규제를 시작했다는 소문과 함께 마로니에 공원은 자신의 '광장스러움'을 상실했다. 알게 모르게 우리에게 있던 광장 하나를 빼앗긴 것이다.

서울시에서는 광화문광장의 사용목적을 시민의 건전한 여가생활과 문화활동 등을 위한 것으로 규정하고 있다. 그러나 시민들의 여가활동과 문화활동을 도와줘야 한다는 발상이 시민들이 원하는 광장으로 거듭나는 데 오히려 걸림돌이 되는 것은 아닐까. 지자체, 기업, 협회 등의 목적을 가진 단체들이 시민에게 문화와 볼거리를 제공한다는 명목으로 광장을 차지하는 동안, 열린 광장을 자신의 의지대로 즐길 시민의 권리는 후순위로 밀려날지도 모른다. 우리나라의 광장은 왜 빈 공간으로 펼쳐져 있지 못하는 걸까? 자연스럽게 그리고 자유롭게 개인의 일상과 비일상이 공존하고, 함께하는 시민과 개별적 시민이 공존하는 공간이야말로 광장이 아닐까?

커피 한 잔으로 광장을 사다

그렇다면 사람들은 아쉬운 대로 '부족한 광장'을 감내하며 지낼까? 그렇지만은 않다. 사람들은 광장의 기능을 대체해줄 어딘가를 찾는다. 다음 세 사람의 일상 기록에서 힌트를 얻어보자.

"요즘 들어 가끔 스타벅스에 간다. 당연히 커피 때문에 가는 건 아니고, 공간을 이용하기 위해 간다. 시간이 애매하게 남았을 때 잠시 들어가 책을 읽거나 생각을 하기 위해 간다. 물론 예의상 커피는 사먹는다."

"최근 일 때문에 30분짜리 미팅을 한 것도 스타벅스였고, 오랜만에 보는 친구와 만나 근황토크를 한 곳도 카페, 그리고 그냥 더워서 멍 때리러 간 곳도 단골 카페였다. 콘센트와 WIFI까지 있으니 그만큼 나에게 최적인 공간이 또 어딨어 대체."

"그래도 사람이 숨쉴 공간이 있어야지 카페밖에 들어갈 데가 없잖아.

우리나라 카페가 잘되는 건 쉴 만한 야외공간이 없어서 아니겠어? 유럽에 있고 싶다. 근처 공원이나 어디 광장 같은데 앉아서 커피 한 잔, 샌드위치 하나 먹고 싶다."

그렇다. 또 카페다. 한국에서는 카페가 광장의 부족과 결핍을 메우고 있다. 스타벅스의 고향인 시애틀보다 두 배나 많은 매장을 가지고 있는 도시가 서울이다. 이제 과포화상태일 것 같은데, 뜨거운 대한민국의 카페 열풍은 식지 않고 매년 성장을 이어가고 있다. 스타벅스가 우리나라 사람들에게 특별한 존재여서일까? 스타벅스 외에도 상당수 커피 프랜차이즈의 매장 수와 매출이 꾸준히 증가하고 있는 것으로 볼 때 대한민국의 카페 열풍이 스타벅스의 브랜드 파워 때문만은 아님이 확실하다.

2017년 현재 대한민국의 카페는 커피를 파는 곳이 아니라 공간을 대여하는 곳이다. 무료로 공간을 차지하는 것에 익숙지 않은 한국 사람들은 공간을 사용하는 대가를 당당하게 커피값으로 지불한다. 마침 스타벅스는 '커피가 아닌 문화를 판다'는 경영철학을 내세우며 편안한 분위기의 공간을 만들어왔고, 그 철학이 어느 나라보다도 여유로움을 즐길 공간이 부족한 한국인의 결핍을 채워준 것이다. 카페는 마시고, 수다 떨고, 글을 쓰고, 책을 읽고, 밥을 먹고, 남는 시간을 때우고, 식사 후 디저트를 먹고, 멍 때리며 사람들을 구경할 수 있는 공간이다. 광화문광장이 (무료로) 수행하는 광장 본연의 역할 일부를 카페가 가져간 것이다.

실제로 소셜미디어에서 '광장'과 '카페'의 연관 표현어를 살펴보면 '넓다', '기다리다', '즐기다', '다양하다', '구경하다' 등이 공통적인 요소로 인식되고 있다. 넓은 공간에서 누군가를 기다리고, 다양한 사람들의 모습을 바라보며, 자신의 시간을 즐기는 모습이야말로 광장과 카페가 통하는 지점이다.

심지어 카페는 광장을 대신한 공간에 마실거리뿐 아니라 인디밴드의 미니 공연, 작가들의 토크콘서트, 미술작품 전시 등의 문화까지 얹어 광장의 역할을 한층 강화하고 있다. 핫한 카페는 맛있는 커피는 기본이고, 사진을 찍고 싶을 정도의 예쁜 조명과 인테리어, 그리고 분위기에 맞는 음악으로 완성된다. 카페 주인 입장에서는 어차피 공간을 채워야 할 음악과 인테리어가 필요한데, 예술가들이 그 공간을 알아서 채워주니 좋고, 그곳을 찾아온 사람들에게도 전혀 방해요소가 되지 않는다. 오히려 새로운 분위기를 즐기고, 새로운 문화를 접할 수 있는 경험의 장소가 된다.

카페와 연관된 행위 키워드의 변화를 살펴보면, 누군가를 만나서 커피를 마시며 수다 떠는 약속의 공간으로서의 언급은 물론, '생각하다', '기다리다', '일하다', '공부하다', '멍 때리다' 등의 키워드도 꾸준히 증가하고 있다. 카페가 저마다의 목적에 맞게 시간을 보내는 다양성이 인정되는 광장스러운 공간으로 확장되고 있는 것이다. 예술과 문학을 담은 복합문화카페에서부터 세탁소와 카페를 결합한 형태의 해방촌 카페 '런드리 프로젝트'까지, 카페는 사람들의 일상에 더 넓게, 더 깊이 들어와 광장의 역할은 물론 생활의 빈 곳을 치밀하게 채워주고 있다.

"노트북 들고 오래 죽치고 앉아 있어도 눈치 안 보이는 한적한 카페 찾기 탐험하는 것도 지친다. 에어컨 빵빵히 튼 집에서 편히 일하고 싶어. 가끔 가는 손님보다 나처럼 매일 오래 카페 출근해주는 손님이 더 이득 아닌가?"

"카페에 오래 앉아 있는 걸 좋아해서 오래 있어도 눈치 안 주는 동네 단골카페와 홀이 넓거나 2층이라 눈치가 덜 보이는 스벅을 자주 간다."

마음껏 이 공간을 즐겨보라고 넌지시 자리를 내어주는 카페가 있는가 하면, 4인 좌석을 차지하고 몇 시간씩 앉아 있는 '카공족(카페에서 공부하는 사람들)'이나 '코피스족(카페에서 일하는 사람들)'들로 어찌할 바를 모르는 카페들도 있으리라. 그렇다고 콘센트를 막거나, 장시간 사용을 싫어하는 티를 내서 그들을 쫓아낸다면, 사람들이 원하는 카페의 광장성을 버리는 것이다. 오히려 더 마음 편하게 이용할 수 있도록 콘센트와 와이파이를 빵빵하게 열어주고 편안한 분위기를 조성한 후, 그 공간에 대한 정당한 대가를 원하는 것이 어떨까. 그들도 광장을 드나들 듯 경계 없는 마음으로 문을 열고 들어와 출근도장을 찍으며 기꺼이 지갑을 열 것이다.

별마당도서관, 실내에서 만나는 광장

도심의 부족한 광장의 역할을 대신할 또 다른 공간이 2017년 삼성동 스타필드 코엑스몰에 생겼다. 기존 코엑스광장 자리에 개장한 '별마당도서관'이 그것이다. 기존의 코엑스광장은 미로같이 복잡하고 넓은 코엑스몰의 중간 지점에 있어 만남의 광장 역할을 했지만, 리모델링 후 광장의 기능을 잃었다. 아니, 리모델링의 목적이 상업성에 치우쳐 있었는지, 온통 하얗게 번쩍이는 인테리어 속에 동선은 더 복잡해졌고, 사람들은 길을 잃고 혼란에 빠졌다. 사람들은 코엑스광장을 어딘가로 향하는 통로로만 여겼다. 그래서 영화만 보고 사라지고, 친구와 만나 밥만 먹고 사라졌다. 하지만 별마당도서관이 오픈하자 그들은 다시 그곳으로 모여들기 시작했다.

스타필드 코엑스몰 별마당도서관

두 개 층이 이어진 별마당도서관은 낮 시간에는 유리로 덮인 천장을 통해 적당한 채광을 즐길 수 있고, 해가 떨어진 저녁녘에는 노르스름한 조명이 서가의 나무색, 그리고 까만 하늘과 어우러져 감성적인 느낌을 준다. 오전 10시부터 오후 10시까지 아이든 노인이든 외국인이든 누구나에게 제약 없이 무료로 열려 있는 점도 장점이다. 코엑스몰 개장 전에 도착해 도서관에 앉아 있다고 제지하는 사람도 없고, 영업시간이 끝났다고 나가라는 사람도 없다.

"털썩 앉아 먹는 게 좋아 #코엑스 #광장문화"
"이번에 코엑스 리모델링하면서 도서관 컨셉으로 큰 광장 생겼어요! 사람이 참으로 많기는 한데 색다르면서도 이렇게 열려 있는 공간이 있다는 것이 소중하잖아요?!"
"코엑스에 올 이유가 생겼어요. 친구들 만나기 애매했는데, 중간에 별마당도서관이 생겨서, 편하게 책 보고 앉아 있다가 친구 연락 오면 만나고, 혼자서도 책 보고 사람구경하러 오게 될 것 같아요. 무엇보다 날씨 구애 안 받고 눈치도 안 보고 사시사철 쾌적하다는 점이 좋아요."

'열려 있는 공간', '무목적성', '다양성 수용', 별마당도서관이 가진 이런 미덕이야말로 광장의 조건 아니던가. 나아가 영리하게도 코엑스몰은 책을 팔거나, 음료를 파는 등 소비자들의 지갑을 열게 하려는 상업적 목적을 섞지 않고 공간을 열어두었다. 도서관처럼 조용히 앉아 있어야 하는 것도 아니고, 카페처럼 오래 앉아 있다고 공간의 주인에게 피해를 주지 않을까 조바심 낼 필요도 없다. 이곳에서 주변을 둘러보면 바닥에 털썩 주저앉아 고개를 떨구고 책을 읽는 사람들 혹은 계단에 양반다리를 하고 벽에 기대어 책을 읽는 사람들의 모습이 보이고, 저편엔 엄마 무릎에 앉아 동화책을 읽는 아이의 모습도 보인다. 전화 통화를 하는 이도 있고, 일행과 커피를 마시며 담소를 나누기도 한다. 간단한 비즈니스 미팅을 하는 정장 차림의 직장인도 보이고, 콘센트가 있는 자리에서 노트북으로 개인 업무를 보는 사람도 있다. 토익 교재를 펼치고 밑줄을 그으며 공부하는 사람들도 보인다. 도서관의 컨셉을 빌렸을 뿐 그 공간에서 사람들은 각자 하고 싶은 일을 자유롭게 하고 있다. 붐비는 느낌은 있어도 시끄럽다는 생각은 들지 않는다. 돈을 지불한 공간이 아니라 열려 있는 광장이기에 적당한 소음과 불편함을 기꺼이 감수하고, 타인과 나누는 공간이므로 무심한 듯 말없이 배려가 이루어진다.

코엑스몰의 운영권자인 신세계그룹은 '스타필드'를 한국어로 바꾼 별마당도서관에서 책을 매개체로 사람들을 끌어들이고 있다. 심지어 도서관을 소개하면서 '굳이 책을 읽지 않아도 좋다'고 하고, '독서를 통한 사색과 여유는 물론 누군가를 기다리는 약속의 장소'로도 그 역할을 하겠다고 말한다. 신세계그룹은 몇 년 전부터 시장점유율(market share)보다 사람들의 일상을 함께하는 라이프셰어(life share)로 방향성을 잡기 시작했다. 이것이 별마당도서관으로 구체화돼 사람들의 삶에 여유로운 광장의 풍경이 나타나게 된 것 아닐까?

한강공원, 자연과 어우러진 광장

━━━━━━━━━━━━━━━━━ 카페 혹은 별마당도서관처럼
기업이 제공하는 공간만 광장의 역할을 대신하는 것은 아니다. 시
민을 위해 열려 있는 13개의 한강공원도 도심 광장의 역할을 나누
고 있다. 소셜미디어에서 '나들이', '데이트'라는 키워드를 분석해
보면 '광화문광장'보다 '한강공원'이 2.7배 더 많이 언급되고 있
다. 심지어 광화문광장으로 나들이 간다는 사람들은 줄어드는 반면
한강으로 나들이 간다는 사람은 해마다 증가하고 있다. 한강공원은
광장의 요소 중 어떤 부분을 어떻게 채워주고 있을까?

광화문광장과 한강공원의 연관어에는 몇 가지 공통된 키워드가
있다. '공연', '행사', '콘서트', '문화' 그리고 야외에 있는 한 피할
수 없는 '미세먼지'가 그것들이다. 반면 광화문광장에는 없는 한강
공원 연관어도 눈에 띈다. '산책', '힐링', '주말'이다. 그리고 무엇
보다도 '일상'을 이야기하고 있다.

"일을 마치고 날씨가 너무 좋아서 반포한강공원에 잠시 들렀다. 여기
에 오니, 일상의 초조함과 바쁜 삶에서 여유를 찾는 것 같아 좋다. 마
음의 여유… 그건 먼 곳에 있는 게 아니라 가까운 곳에 언제나 있다."
"집에서 멀지 않은 한강시민공원 정말 오랜만에 마음의 여유 그리고
고개를 들고 하늘을 올려다본 것 같다. 아름다운 하늘, 멋과 맛과 문화
가 공존하는 공간 우리 딸은 첫 한강나들이에 완전 신남."

한강을 따라 정비돼 있는 한강공원들은 접근성도 좋지만, 광화문광장과 달리 막힌 건물 없이 탁 트인 하늘과 멈춘 것 같지만 흐르고 있는 강물, 넓게 펼쳐진 잔디 등 자연이 제공하는 요소들을 더 많이 가지고 있다. 여기에 더해 한강의 남쪽과 북쪽을 이어주는 대교들과 야경은 여유로움을 느낄 수 있는 시각적 요소를 극대화한다.

그러나 이것이 사람들이 광화문광장보다 한강공원으로 향하는 이유의 전부는 아니다. 한강공원에는 조깅을 하거나 자전거를 타는 사람들, 반려견과 함께 산책하는 사람들, 돗자리를 깔고 누워서 이어폰을 꽂고 있는 사람들, 원터치텐트 앞에 캠핑용 의자를 펼치고 앉아 음식을 풀어놓는 가족들, 손을 잡고 거니는 커플 등 다양한 사람들이 보인다. 광화문광장보다 더 열려 있는 이 공간에서, 각자 알아서 즐기는 것 외에 어떤 다른 목적도 강요받지 않은 사람들이 공존한다. 같은 하늘을 보고, 같은 한강을 바라보고 있지만 각자의 색깔로 일상을 보낸다. 물론 한강공원에서도 뮤직페스티벌이나 야시장 등 행사가 열리지만, 광화문광장이나 시청광장과 달리 섬 같은 구조가 아니어서 공간의 제약이 덜하다. 행사에 참여하고 싶지 않으면 공원의 다른 영역으로 자리를 피하면 그만이다.

최근 한강공원에는 중국인 관광객들의 모습이 흔히 포착된다. 그들의 손에는 치킨과 캔맥주가 들려 있다. 한국인들이 해외여행을 가면 그 나라의 광장을 거닐며 그들의 일상을 느껴보듯, 그들도 한강공원으로 찾아와 우리의 일상을 느껴보는 것이다. 서울에 오면 무조건 명동과 종로로 직행해 쇼핑을 하고 맛집을 찾아다니던 외국인들이 한국인들의 일상으로 들어와 여유를 즐기기를 원하고 있는 것이다. 실제로 중국인들이 한국여행 때 사용한 한국 지하철 앱의 검색 데이터에서도 여의도 한강공원이 4위를 차지하며 2016년보다 33계단 상승했다. 경복궁이 9위를 기록한 반면 바로 앞에 있는 광화문광장은 20위 안에 들지 못한 점도 눈에 띈다. '명소'로나 '일상적 공간'으로나, 광화문광장의 존재감은 아직은 조금 약해 보인다.

여유를 표현하고 싶은 이들의 광장

지금까지 '열려 있는 공간', '무목적성', '다양성 수용'이라는 광장의 요건을 대신 충족해주는 공간으로 카페, 별마당도서관, 한강공원에 대해 이야기해보았다. 세 공간 모두 찾아오는 이들에게 특정 목적을 제약하지 않고, 그들의 다양성을 인정하고, 누구나 마음 편히 들어올 수 있는 열린 공간이다. 광장의 기본적인 요건에 더해 카페는 커피를 가지고 있고 별마당도서관은 책을, 한강공원은 자연을 가지고 있다. 광장으로서 이들의 역할은 앞으로도 계속 이어질까?

스타벅스 매장이 가장 많은 도시도 대한민국의 서울이지만, 스타벅스 영업종료 시간이 가장 늦은 도시도 서울이다. OECD 국가 중 연간 평균 노동시간이 긴 나라로 멕시코와 1, 2위를 다툴 정도로 한국인들은 여유를 즐길 시간이 부족하다. 그래서 시간이 허락할 때

최선을 다해 여유를 즐기고, 여유를 즐길 수 있는 최적의 공간을 찾아다니는 데 열성이다. 이 점으로 미루어볼 때 카페나 별마당도서관, 한강공원 등 가격 대비 여유 만족도가 높은 공간의 인기는 앞으로도 지속될 것으로 보인다.

더욱이 스마트폰 보급률 세계 1위에 빛나는 한국은 사진을 찍거나 SNS 세상에 접근하기가 매우 쉽고, 해외여행객도 계속 증가하고 있다. 그만큼 '지금 내가 앉아 있는 현실'과 SNS에 실시간 업데이트되는 타인의 부러운 여유 사이의 간극은 노골화된다. 어학연수나 여행 등으로 해외를 경험한 이들이 느끼는 '현실과 저 멀리 이상'의 차이는 점점 커지고 있다.

예전에는 '허세'라는 것이 브런치를 즐길 줄 아는 것, 스타벅스 커피 한 잔쯤 마실 수 있는 여유, 명품 가방을 살 수 있는 경제적 능력으로 표현되었다면, 바야흐로 2017년은 '나 여유 좀 부릴 줄 아는 사람이오' 하고 '여유'로 허세를 부리는 시대로 흘러가고 있다. 여유는 여행 혹은 주말에 읽고, 먹고, 찍는 행위를 하는 것이고, 사람들은 그것을 '즐기며' '좋은' '추억'으로 받아들인다. 그러면서 자신이 아무 일도 하지 않고, 심지어 멍 때리기를 하며 비생산적이고 무의미해 보이는 시간을 보낼 만큼 여유가 있는 사람이라고 말하고 싶어 한다. 실제로 여유가 있는 것인지, '나는 아무것도 안 하고 시간쯤은 버릴 수도 있는 마음의 여유가 있는 사람이오' 하고 여유 코스프레를 하는 것인지는 알 수 없지만, 여하튼 사람들은 자신의 여유를 보여주고 싶어 한다.

SNS를 보면 "나 ○○하면서 여유를 즐기고 있다"는 표현이 넘쳐난다. 이때 ○○ 안에 들어가는 것은 대개 책, 커피, 잡지 등이다. 말하자면 이것들이 여유로운 상황을 대변하는 수단인 셈. 실제로 '책'은 일상의 상황보다는 '여유'라는 표현이 더해졌을 때 더 많이 언급된다. 책(을 읽는다는 것)은 나의 여유로움을 인증하기 좋은 물리적 요소가 되었다. 바로 이 지점에서 커피가 있는 카페, 책이 있는 별마당도서관, 체크무늬 블랭킷에 치킨과 수입맥주를 즐기는 한강공원이 의미를 지닌다. 그때의 한 컷 한 컷들은 우리를 '여유를 즐길 줄 아는 사람'으로 만든다.

사람들이 광장에서 펼치고 싶어 하는 '자기표현'은 비단 정치적 의사표현만은 아닐 것이다. 일상의 평화로움과 여유를 누리고 그것을 인증하고 싶어 하는 사람들에게, 광장이야말로 최적의 자기표현 무대가 아닐까? 이제 우리의 광장도 물리적이고 개념적인 조건 외에 평화로운 일상, 여유로움의 이미지를 함께 가져야 할 것이다. 어느 날 갑자기 구청 앞마당에 '여기가 광장이니 마음대로 편하게 쉬어보시죠' 한다고 해서 사람들이 그곳에서 여유를 찾게 되지는 않는다. 만든 이의 목적을 드러내지 않고 그 공간에서 여유를 즐길 사람들의 모습을 그려보며 공간을 준비할 때 비로소 진짜 광장이 만들어질 것이다. 어딘가에 새롭게 태어날 진짜 광장에서 진정한 여유를 즐기는 사람들의 인증들이 넘쳐나길 바란다.

❶ 광장성을 가진 공간을 매개로 소비자와의 거리를 좁히자.

우리가 파는 상품과 여유를 즐길 수 있는 공간과의 콜라보레이션은 시너지를 내어, 여유로움을 지향하는 이들에게 긍정적인 이미지로 다가갈 것이다.

❷ 대가를 바라지 말고 기꺼이 광장으로 열어주어라.

꼭 무엇인가로 채워야 한다는 강박을 버려라. 물건을 팔거나 우리를 보여주려는 노력 대신, 우리 제품의 타깃이 될 사람들을 위해 공간의 한 켠을 기꺼이 내어주어라.

❸ 공간의 주인은 사람임을 잊지 말고, 무대 뒤 스태프의 역할을 자원하라.

공간의 편의성을 지원하고 여유를 저해하는 요소를 줄일 수 있도록 자신을 드러내지 않고 뒤에서 조심스럽고 은밀하게 지원하자.

[광화문광장의 중심에서 나를 외치다 · 시사점]

시민 혹은 주민을 위한 광장을 만들고 싶은 지자체를 위한 시사점

❶ 도시의 설계 단계부터 광장과 광장 위의 사람들을 생각하자.

신도시를 계획할 때 어떤 행정건물보다도 광장의 위치를 먼저 정하자. 광장을 제대로 즐기는 시민들의 모습이 지역을 대표하는 이미지가 될 것임을 기억하자.

❷ 방문자 수가 평가기준이 되어서는 안 된다.

하루아침에 사람들이 모여들지는 않는다. 꾸준히 인내심 있게 광장을 열어두어라. 조금씩 공간에 익숙해져 스스로 광장을 채우고, 스스로 광장의 질서를 만들고, 스스로 광장의 즐거움을 누릴 수 있을 때까지 기다리고 또 기다리자.

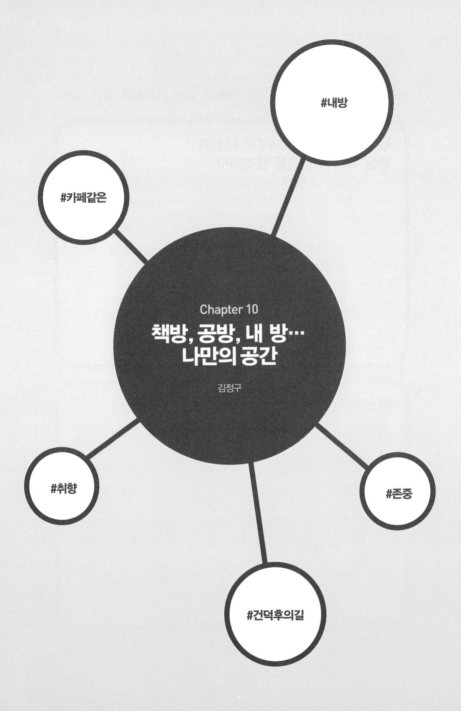

#내방

#카페같은

Chapter 10
책방, 공방, 내 방…
나만의 공간

김정구

#취향

#존중

#건덕후의길

잠들기 전, 오늘 내가 가장 많은 시간을 보낸 곳, 혹은 나와 가장 밀접한 장소가 어디였는지 생각해보자. 잠을 잔 시간까지 생각하면 집이 될 수도 있고, 누군가는 회사, 학교, 도서관 등의 답을 내놓을 수도 있을 것이다.

방(房), 사람이 살거나 일을 하기 위하여 벽 따위로 막아 만든 칸*이라는 뜻을 가지고 있다. 방에 대한 국어사전 본연의 뜻을 나의 하루에 대입해보면, 우리는 하루의 대부분을 방에서 보냈고 아마도 내일 역시 그러할 것이다. 넓은 의미에서 보면 사무실, 교실, 도서관 등도 방에 포함될 수 있으니까. 이와 같은 다양한 방은 사적인 (private) 공간과 공용의(public) 공간으로 나뉘는데, 지금부터는 사적인 공간으로서 방에 대한 이야기를 해보고자 한다.

방(房)이라는 범주에 들어가는 다양한 공간 중에서 꽤 많은 시간을 보내는 방, 나와 가장 밀접한 방, 혹은 나에게 가장 의미가 큰 방은 어디일까? 아마도 '내 방'이라 답하는 이들이 가장 많을 것 같

---

* 출처: 국립국어원 표준국어대사전

다. 회사가 내 집, 내 방보다 더 가깝다고 느껴지는 사람들은 미안하지만 제외하자. 이들을 생각하면 벌써 눈물이 앞을 가린다. 만일 당신이 기혼자라면 개인 서재 또는 침실 역시 '내 방'이라는 범주에 들어갈 수 있을 것이다.

카페 같은 내 방

'내 방'에 대한 언급은 드라마틱하지는 않아도 꾸준히 증가하고 있다. 물론 사람들이 '집'과 관련된 공간을 이야기할 때 가장 많이 언급되는 장소는 여전히 '거실'이며, 이 역시 언급량이 지속적으로 증가하고 있기는 하다. 하지만 거실은 가족 구성원 모두에게 열린 공간이므로 '사적인 내 공간'이라 하기 어려우니 거실에 대한 이야기는 잠시 논외로 하자.

여기서 '내 방'을 주목한 이유는 단순히 언급량이 증가하고 있어서는 아니다. 사람들이 이야기하는 '내 방'이라는 공간의 의미가 서서히 변하고 있기 때문이다. 당연히 '내 방'은 무언가를 보고, 자고, 먹는 공간으로의 역할을 충실히 수행한다. 가끔 ○○이 없어서 불편하긴 해도 내가 좋아하는 장소임은 자명한 사실이다.

그러나 2016년 즈음부터 '내 방'이라는 의미에 변화가 나타났다. 기존의 공간에 '예쁘다', '찍다' 등의 감성이 더해지기 시작한 것이다. '내 방'과 '예쁘다'에 대한 연관 키워드를 살펴보면 집밖의 예쁜 소품과 분위기 좋은 카페에서 사진을 찍던 행위가 내 방에서

〈'내 방' 언급량 추이〉

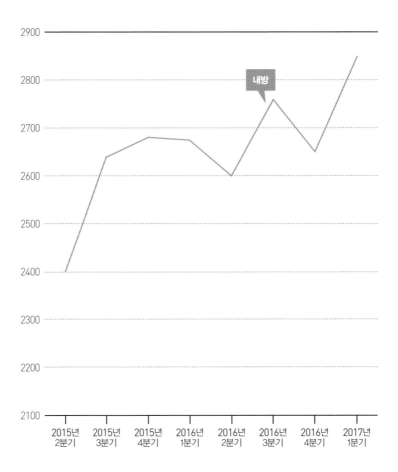

⟨'내 방' 연관 감성어 추이⟩

2015년 상반기		2015년 하반기		2016년 상반기		2016년 하반기		2017년(~8월)	
1	보다	1	보다	1	보다	1	보다	1	보다
2	없다	2	없다	2	없다	2	없다	2	좋다
3	좋다	3	자다	3	좋다	3	좋다	3	없다
4	자다	4	좋다	4	쓰다	4	쓰다	4	쓰다
5	먹다	5	쓰다	5	만들다	5	먹다	5	먹다
6	쓰다	6	만들다	6	먹다	6	보이다	6	보이다
7	만들다	7	먹다	7	눕다	7	사다	7	만들다
8	사다	8	보이다	8	보이다	8	만들다	8	사다
9	보이다	9	사다	9	사다	9	눕다	9	예쁘다
10	눕다	10	눕다	10	생각하다	10	좋아하다	10	좋아하다
11	생각하다	11	꾸미다	11	예쁘다	11	생각하다	11	찍다
12	좋아하다	12	안되다	12	꾸미다	12	찍다	12	꾸미다
13	꾸미다	13	생각하다	13	안되다	13	예쁘다	13	눕다
14	예쁘다	14	좋아하다	14	좋아하다	14	꾸미다	14	안되다
15	안되다	15	찍다	15	듣다	15	안되다	15	생각하다
16	듣다	16	바꾸다	16	찍다	16	듣다	16	듣다
17	찍다	17	듣다	17	시작하다	17	정리하다	17	찾다
18	바꾸다	18	예쁘다	18	가능하다	18	덥다	18	정리하다
19	힘들다	19	정리하다	19	싫다	19	바꾸다	19	힘들다
20	찾다	20	힘들다	20	정리하다	20	힘들다	20	싫다

출처 | SOCIALmetrics™, 2015.01.01~2017.08.31

도 이어지는 현상을 볼 수 있다. 소소한 소품 등을 이용해 내 방을 카페와 같은 분위기로 바꾸기 시작한 것이다. 이는《2017 트렌드 노트》에서 이야기했던 주제와 연속선상에서 이해할 수 있는데, 비싸지 않지만 센스 있는 소소한 선물이나 소품 등을 쇼핑한 결과물이 나와 가장 밀접한 공간인 내 방에서 실현된 결과다.

> "꼭 새로운 가구를 사거나 위치를 바꾸지 않아도 간단한 소품만으로 방의 분위기를 확 바꿀 수 있는 거 같아요 말린 장미로 방 꾸며봤네용ㅋㅋ 좀 더 이뻐지는 내 방을 보면서 자기만족 뿌듯뿌듯 담엔 뭘로 해보지 ㅎㅎ"
> "모던한 분위기의 카페를 만들자!를 상기시키기 위해 내 방의 전반적인 분위기를 바꿔보려고 인터넷을 뒤지기 시작했다. 시크한 소품들과 도구들은 나를 사로잡았고 무언가 바꿔본다는 게 이렇게 설레고 행복한 일이란 걸 다시 한 번 깨달을 수 있었다."

또한 겉으로 드러나지는 않았지만 오르기만 할 뿐 내려올 생각을 않는 집값 때문에 내 집 마련이 더 어려워지는 터라, 비록 언젠가 비워줘야 할 전세나 월세라 할지라도 팍팍한 현실에서 오롯이 나를 위한 공간인 '내 방'을 꾸미는 데 더욱 관심을 가지기 시작한다.

> "이렇게 직접 꾸며놓으면 내 집 같고 정이 많이 들어요. 집을 살 생각은 없어요. 어차피 못 살 거…."

"내 집 마련은 어렵지만, 셀프 인테리어는 쉽다!"

카페는 이미 우리 일상에서 집을 제외하고서 가장 밀접한 장소다.** 커피의 맛, 위치, 인테리어와 소품이 연출하는 분위기 등이 조화로이 어우러진 카페의 한 컷을 건지려는 사람들로 붐비는 현상을 이미 보고 있지 않은가. 사실 카페를 구성하는 핵심인 커피가 너무 맛없지 않은 이상, 핫플레이스에 위치해 있고 분위기도 좋다면 그 카페의 성공 가능성은 높다.

그런데 핫플레이스에 위치한 카페에서 찍은 한 컷보다 더 소중한 것이 있다. 조금씩 시간을 들여 그리고 상대적으로 적은 비용으로 꾸민 카페 같은 내 방, 센스 있는 한 컷을 보여주기에 카페 같은 분위기를 낸 내 방은 같은 듯 다른 느낌이다. 한 번 방문하고 마는 카페와 달리, 내 방은 내 일상의 시작과 끝을 함께하는 영속적인 장소 아닌가. 이는 단순히 카페에서 내 방으로 장소가 달라진 것이 아니다. 그보다는 의미의 변화('카페 같은 내 방')이자 장소의 확장('카페를 내 방으로')으로 바라보아야 할 것이다.

사실 나만의 공간을 꾸미고픈 욕망은 내 방뿐 아니라 거주공간과 관련된 인테리어와 소품에 대한 언급이 늘고 있는 현상과 궤를 같이하고 있다. 내 방의 분위기에 플러스알파가 될 수 있는 디퓨저, 향수, 향초 등 향기제품 시장이 3조 원 규모로 급성장하고 있다는

** 최근 2년 5개월간 사람들이 언급한 장소 1위는 '집'이고(4,944,846건), 2위는 '카페'(2,064,207건), 3위는 '회사'(1,583,794건), 4위는 '학교'(911,914건)다.

〈'인테리어', '소품' 언급 추이〉

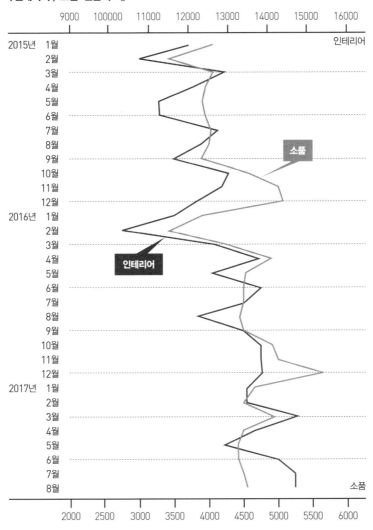

출처 | SOCIALmetrics™, 2015.01.01~2017.08.31

이야기도 들린다. 게다가 내 방을 포함해 나만의 취향이 반영된 내 집을 온라인에 공개하는 '온라인 집들이'가 이미 자연스러운 행위로 받아들여지고 있다.

> "(셀프인테리어) 온라인 집들이… 이사 오기 전에 내가 지낼 방에 대해 많이 고민했는데 차분한 분위기에서 조용히 혼자 필요한 컴퓨터 작업을 할 수 있는 공간이 필요했었다. 그러기 위해서 전체적으로 어두운 그레이 계열의 컬러와 블랙컬러의 가구를 주로 배치하고 다운된 느낌을 주려고 노력했다. 페인트는 벤자민무어 페인트를 사용… 액자엔 아직 그림이 없다. 인테리어 하면서 제일 어려운 게 액자에 들어갈 그림선택이더라… H&M 홈에서 산 향초 등을 같이 두었다"

공방, 욕구의 소소한 실현

이제 '두 번째 방'에 대한 이야기를 해보자.

방(房)은 통상적으로 접미사로 사용되는 경우가 많은데, 이때는 특정 행위를 하도록 시설 등이 마련된 공간이라는 의미로 확장된다. 노래방, PC방 등이 대표적인 예다.

이와 같은 의미의 접미사로 활용되는 ○○방 중에서 노래방이나 PC방처럼 공용 가능한 목적 중심의 방과는 달리, 공용의 공간이긴 하지만 마치 '내 방'처럼 타인과의 교감 없이 개인적 욕구를 충족시킬 수 있는 공간이 최근 들어 주목받고 있다. 바로 '공방' 이야기다.

다양한 ○○방 중에서 왜 하필 공방일까?

사람들이 말하는 공방은 대개 간단한 소품이나 가방, 지갑 등을 본인의 취향대로 직접 디자인하고 만들 수 있는 공간을 가리킨다. 외연에 나타나는 공방의 핵심정신은 DIY이며, 나만의 공간에서 즐기는 여가행위로 해석할 수 있겠다. 한 단계 더 들어가 보면 그 안에 '나는 남들과는 조금 다른 사람'이라는 선언이 담겼다고 볼 수도 있다. 단순하게 말하면 '내 돈과 시간을 투자해 하나뿐인 나만의 것을 만드는 나만의 장소'로 선택된 공간이다. 게다가 가죽 공방, 가구 공방, 목공예 공방, 도자기 공방, 액세서리/주얼리 공방, 인형 공방, 케이크/과자 공방, 유리공예 공방 등 종류도 다양해 자신의 취향에 맞게 선택해 즐길 수 있다.

여기서 잠시 피규어와 프라모델에 대한 이야기를 해보자. 꽤 많은 남자어른들(?)이 어린 시절 가지고 놀던 피규어와 프라모델에 대한 향수를 간직하고 있을 것이다. 지금도 그렇지만 과거에도 비교적 고가여서 어린이날이나 생일이 아니면 갖기 힘들었던 물건들이다. 이러한 향수가 그들이 경제적으로 여유가 생긴 어른이 된 지금, 다시 어린 시절의 취미생활을 즐기는 키덜트(kidult) 문화의 성장을 이끌었다.

나 역시 작년부터 오랫동안 가슴속으로 바라왔던 '건덕(건담덕

후)'의 길로 들어섰다. 어릴 적 나는 정식 라이선스 따위는 가볍게 무시한 국산 짝퉁 프라모델 '칸담'을 조립하며 행복해했고,*** 나중에 그것들이 진짜가 아니라는 사실에 실망해 언젠가는 꼭 오리지널 건담 프라모델을 만들어보리라 꿈꾸었다. 수십 년이 흐르고 나서야 그때의 꿈을 비로소 이루었다. 아이가 잠든 밤시간에 건프라 (건담 플라스틱 모델) 작업을 하곤 하는데, 작업하는 시간과 작업 후 전시하는 과정 자체가 별다른 취미가 없는 나에게는 굉장한 힐링이 된다. 잠시나마 복잡한 외부의 문제들을 잊고 조그마한 건담 작업에 집중할 수 있으니까. 완성 후의 성취감 역시 상당하다. (이제는 제법 완성품이 증식함에 따라 진열장소가 부족해져 호시탐탐 저렴한 이케아 진열장을 노리고 있다.)

갑자기 프라모델이니 건담이니 하는 이야기를 꺼낸 이유가 있다.

"올해 무심히 산 HG 건프라를 조립하면서 건프라의 매력에 푹 빠진 초보입니다. 3~4시간 동안 집중해서 조립하는 동안 온갖 잡념과 스트레스가 다 날아가는 쾌감이 너무 좋더라구요^^;;"

수많은 종류의 공방 중에서 혹시 프라모델 공방에 대해 들어본 적 있는가? 말 그대로 프라모델을 만들 수 있는 공방을 말하는데,

---

*** 1980~90년대 학교 앞 문방구에서 판매하던 대부분의 조립식 완구는 일본의 그것을 불법으로 카피해 판매하던 제품들이었고, 현재는 중국의 프라모델 제조사들이 똑같은 일을 하고 있다.

인터넷 검색을 하면 생각보다 어렵지 않게 수강생이나 월 단위 회원을 모집하는 광고글을 찾아볼 수 있다. 1차원적으로 보면 단순한 장난감 조립에 지나지 않는 취미겠지만, 막상 하려면 상당한 노력과 시간 그리고 돈이 필요한 취미다. 일례로 프라모델 전용 니퍼는 몇 천 원짜리 저렴한 제품에서부터 6만 원 이상의 고가제품까지 종류도 다양해서, 모델러들은 함부로 런너에서 부품을 제거하지 않는다. 고가의 프라모델 전용 니퍼는 부품절단 시 플라스틱을 '자른다'는 느낌이 아니라 '떡을 써는 듯한' 느낌으로 부드럽게, 그리고 흔적을 거의 남기지 않고 제거해준다.

그들은 디테일을 살리기 위해 먹선을 넣고, 전용 데칼과 스티커를 붙이고, 최종적으로 도색 작업까지 한다. 도색이라 해서 단순한 색칠을 떠올리면 곤란하다. 전문적으로 도색하기 위해서는 콤프레셔, 에어브러시, 방진 마스크, 전용도료, 도색전용 부스 등이 필요하며, 이 때문에 프라모델 가격보다 도색용품 비용이 더 드는 경우도 발생한다. 무엇보다 콤프레셔의 진동과 소음이 커서 층간소음 문제가 생기기도 한다. 프라모델을 남의 눈치 안 보고 편하게, 그리고 좀 더 전문적으로 즐기고 싶은 사람들은 결국 프라모델 공방으로 모인다. 일종의 틈새시장인 셈. 이곳은 마치 학창시절 다니던 독서실처럼 개별 좌석과 칸막이, 완성품 진열장소, 그리고 별도의 도색 공간을 제공한다.

프라모델 공방이 더 주목받게 될지, 아니면 잠깐 유행하다 서서히 기억 속에서 잊힐지는 예단할 수 없다. 하지만 사람들이 자기 방을 떠나 굳이 돈(수강료 또는 좌석 임대료)과 시간을 투자해가며 자신만을 위한 공간을 외부에 마련하는 이유만은 짚고 넘어가야 한다. 이는 '사생활' 이슈로 이어진다.

일상에서 나와 가장 긴밀히 연결된 물건인 스마트폰을 살펴보자. 스마트폰을 이야기할 때 사람들은 더 이상 제조사가 홍보하는 차별화 포인트를 말하지 않는다. 성능이든 디자인이든 특이점이든, 소소한(?) 차별화 포인트를 제외하고 하드웨어적인 측면에서는 이미 상향평준화되었기 때문이다. 이제는 오히려 스마트폰과 연관된 '스트레스'를 더 많이 말하고 있다. (참고로 '스마트폰' 연관감성 중 '아프다'가 상승하고 있는데, 이는 스마트폰을 보며 걸어 다니다 어딘가에 부딪히거나, 고개 숙여 스마트폰을 보느라 목과 손에 통증이 생기기 때문이다.)

왜 사람들은 스마트폰과 스트레스를 함께 이야기할까? 이를 이해하려면 다양한 스트레스 연관어 중에서도 정신적 스트레스에 주목할 필요가 있다.

"회사 단톡방 있으세요??? 너무나 스트레스… 다들 회사 단톡방 있으신가요? 저는 단톡방이 2개 존재하는데요, 회사대표님 껴있는 단톡방 하나 팀 단톡방 하나… 아오 정말 스트레스 받아요!!!!!!!! 휴일 없고 새벽마다 업무카톡… 카카오톡 상태메시지나 프로필사진도 너무 신경 쓰여서 핸드폰을 하나 더 개통해서 사생활용 폰을 따로 만들었어요."

〈'스마트폰' & '스트레스' 연관어〉

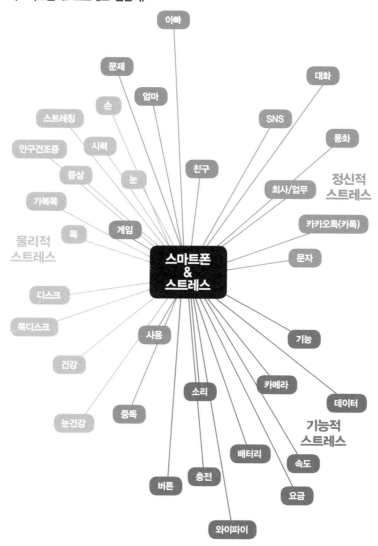

아빠

문제

엄마

손

대화

스트레칭

SNS

시력

통화

안구건조증

증상

눈

친구

**정신적
스트레스**

가복목

회사/업무

목

게임

카카오톡(카톡)

**물리적
스트레스**

**스마트폰
&
스트레스**

문자

디스크

목디스크

기능

건강

사용

카메라

데이터

눈건강

중독

소리

**기능적
스트레스**

배터리

속도

버튼

충전

요금

와이파이

출처 | SOCIALmetrics™, 2016.01.01~2017.08.31 (Blog)

〈'스마트폰+스트레스+회사+카카오톡' 언급 추이〉

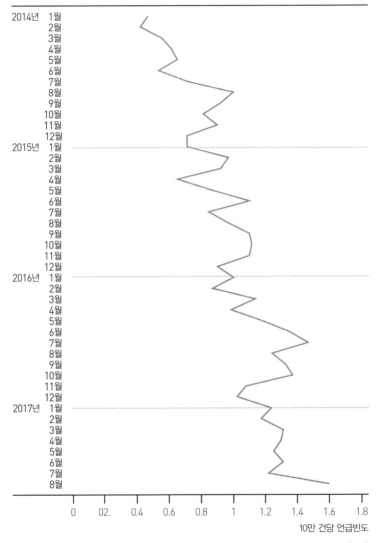

10만 건당 언급빈도

출처 | SOCIALmetrics™, 2014.01.01~2017.08.31 (Blog)

회사에서 받던 면대면 또는 이메일 중심의 스트레스가 이제는 카카오톡 단톡방으로까지 확장되었다. 존중되어야 할 사생활과 회사 업무의 경계가 허물어진 것이다. 프랑스에서는 업무시간 외 이메일, 메시지, 전화 통화 등의 업무 커뮤니케이션을 거부할 권리가 2017년부터 근로계약법으로 공식 발효되었다고 한다. 꿈같은 이야기로 들리지만, 국내에서도 이에 대한 소소한 저항(?) 혹은 대안으로 회사업무용 폰과 개인 폰을 별도로 개통해 가지고 다니거나 소셜미디어 비밀계정을 운영하는 사람들이 늘고 있다.

> "회사원A(28)씨는 평소 스마트폰을 2개 갖고 다닌다. 하나는 회사용. 다른 하나는 '사생활용.' 일과 사생활 분리가 목적이다. 퇴근 이후나 휴가 중에는 회사용 전원을 아예 꺼버린다. 그는 "시도 때도 없이 연락하거나 다음 날 해도 되는 얘기를 굳이 전날 밤에 전달하는 상사들 때문"이라며 "회사가 업무와 개인 시간을 명확히 구분하고 사생활을 존중해준다면 이러지 않았을 것"이라고 했다."****

이런 우리에게 공방은 외부에 있으되 온전한 나만의 공간을 제공해준다. 집과 별개로 오피스텔, 컨테이너박스 등에 자신만의 맨케이브(man cave)를 꾸밀 정도의 경제력이 있지 않은 다음에야, 상대적으로 저렴한 비용으로 나만의 공간을 마련하기에 공방만 한 대

**** 정유진, "(트렌드+)회사폰 끄자… '또 다른 내 세상' 켜진다", 조선일보, 2017.3.23.

안도 많지 않다.

그런 점에서 개인의 취미, 여가생활을 실천하는 것 이상으로 공방의 중요한 키워드는 '개인(private)'이다. 업무 전용폰이 사생활 분리를 위한 도구라면, 공방은 사생활 분리장소로 매우 훌륭한 역할을 한다. 집이 아닌 곳에서 사생활 속의 사생활을 제공하는 장소라 할까. 물론 소음, 비좁은 공간 등의 문제로 집에서 작업하지 못하고 공방을 찾는 이들도 많지만, 주변 사람들(때로는 가족이나 배우자)의 눈치 보지 않고 오롯이 혼자 힐링하기에 이보다 좋은 장소는 없지 않을까?

서점이 아니라 책방인 이유

국내 도서시장이 침체기인 것은 비단 한두 해의 일이 아니다. 매년 이 시리즈를 출간하고 있는 우리도 마케팅적인 관점에서 본다면 '꿈도 희망도 없는 게임'에 뛰어든 수많은 플레이어 중 하나일지 모른다. 엎친 데 덮친 격으로 2017년 초 국내 2위 서적도매상인 송인서적의 부도는 출판업 종사자들에게 꽤나 큰 충격으로 받아들여졌던 것 같다. 정부에서도 출판업을 살리기 위한 정책을 추진하고 있다고 하니 향후 성과를 지켜볼 필요가 있어 보인다.

흔히 가을은 독서의 계절이라 해서 서점을 찾는 것도 늦여름에서 가을에 많이 할 것 같지만, 흥미롭게도 사람들은 가을보다는 1월과 3월에 서점에 대한 이야기를 더 많이 하고 있었다. 신년 계획의 일환으로 독서를 선택한 이들이 1월에 서점을 많이 찾기 때문일 것이다. 3월이야 신학기 교재를 사기 위해서일 테고 말이다.

하지만 우리가 주목할 부분은 서점이 계절을 타는 장소라는 것이 아니다. 도서시장 침체와 별개로, 서점에 대한 언급 자체는 서서히 증가하고 있다는 점이다.

최근에 어떤 변화가 서점에 있었던 걸까? 2015년과 2016~17년의 서점에 대한 인식이 어떻게 변하였는지 살펴보면, 사실 서점에 대한 인식 자체에 급격한 변화는 없어 보인다. 다만 예전보다 (서점 안에 위치한) 카페에서 커피를 마시며 책을 읽는 행위 자체가 좋다는 인식이 증가하긴 했다. 최근 문을 연 대형서점들의 경우, 서점 안에 카페가 있어 커피 한 잔과 책 한 권의 여유를 제공해준다. 아마도 이와 같은 원인의 결과로 나타났으리라.

"현대시티몰 가든파이브에 생긴 교보문고, 핫트랙스!… 현대시티몰 가든파이브가 쫙 내려다보이는 통유리 옆에 북카페가 위치하고 있다! 커피 한 잔과 책 한 권의 여유:)"

다음 페이지의 표에서 한 가지 더 주목하고 싶은 키워드는 '책방'이다. 뉘앙스가 미묘하게 다르지만 결국 서점이나 책방이나 그게 그거 아닌가?

⟨'서점' 연관어 변화⟩

	2015년		2016~17년(~8월)
1	가다	1	가다
2	보다	2	보다
3	분위기	3	카페
4	카페	4	분위기
5	사다	5	혼자
6	친구	6	사다
7	혼자	7	친구
8	읽다	8	읽다
9	오랜만	9	오다
10	자주	10	좋다
11	오다	11	자주
12	좋다	12	주말
13	주말	13	여행
14	학교	14	커피
15	영화	15	영화
16	공부	16	공부
17	여행	17	학교
18	커피	18	교보문고
19	소설	19	소설
20	교보문고	20	수업
21	수업	21	전집
22	가끔	22	학원
23	전집	23	책방
24	구입하다	24	찾다
25	학원	25	선생님

출처 | SOCIALmetrics™, 2015.01.01~2017.08.31

결론부터 이야기하자면 서점과 책방은 받아들이는 사람들에게 의미가 다르다. 서점이 앉아서 커피 한 잔과 책 한 권의 '여유'를 제공하는 장소라면, 책방은 과거의 동네책방이 아니라 간단히 맥주를 마시고 내 '취향'에 맞는 책을 고르며 그곳만이 줄 수 있는 문화를 즐기고 마지막으로 '한 컷'을 찍을 수 있는 훌륭한 데이트 장소다. 기존의 서점과 달리 개인의 취향이 반영된 사적(private) 장소에 가까운 곳이라는 것이다.

눈치 빠른 독자들은 이미 '아!' 하고 느꼈겠지만, 이런 인식은 2016년 즈음부터 핫하지는 않아도 미지근하게 주목받기 시작한 독립책방(independent bookstore), 혹은 전문서점의 영향이 컸다. 국내소설 전문, 여행서적 전문, 시집 전문, 추리소설 전문 등 독립책방은 저마다 운영자의 취향을 강하게 반영한다. 그래서 얼핏 생각하기에 주 고객층도 다르고 다루는 서적 종류도 달라 공통분모를 찾기 어려울 것 같지만, 그럼에도 그곳들을 관통하고 있는 공통분모는 자명하다. 바로 '취향(taste)'이다.

앞서 이야기했듯 방은 나만의 공간(내 방)이자 사생활을 보호 또는 존중받을 수 있는 장소(공방)의 의미를 지닌다. 이와 비교해 책방은 각자의 취향 그 자체를 만족시키는 도구로서의 의미가 강하다. 독립책방을 운영하는 대표자의 취향과 그 취향을 공유하는 사람들의 니즈가 일치했다는 점에서 일반적인 제품/상품 전략, 마케팅 기획과정과는 출발선부터 다르다. 기업이 기획하고 생산하는 제품은 필연적으로 소비자의 니즈를 지향하는데, 독립책방은 운영자 본인

〈'서점', '책방' 연관어〉

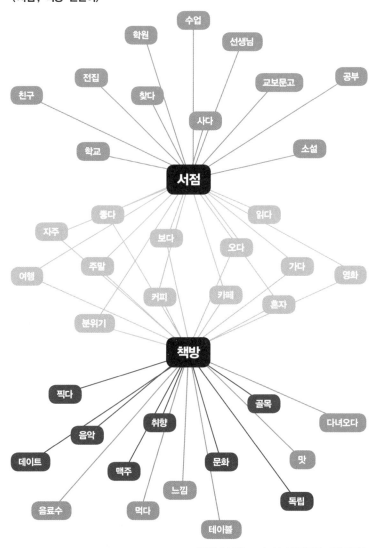

출처 | SOCIALmetrics™, 2016.01.01~2017.08.31

의 취향대로 제품(도서)을 선택하고 소비자들이 이에 따라왔다는 부분이 흥미롭다.

> "골목에서도 더 골목에 있어 찾기가 힘들었다. 바로 앞에 두고도 못 찾아서 길을 빙빙 헤매다가 겨우 찾았다. 안내판을 골목 초입으로 빼 두면 좋을 텐데 싶더라고 ㅎㅎ 주인의 취향이 고스란히 반영된 서재… 몇 권을 유심히 살펴보다가 고개를 절레절레 했다… 아무래도 오래 걸릴 것 같더라고… 나와 책 읽는 취향이 어느 정도 비슷한 구석이 있으신지라 이것저것 훑어볼 책이 많을 것 같아서 말이지:)"

누구나 자신의 취향이 존중받기 원하고, 나아가 취향을 공유하는 시대다. 독립책방들에는 서로의 취향을 더욱더 긴밀하게 응원하고 공유하기 위해 과감하게(?) 시도된 요소들이 눈에 띈다. 어떤 곳은 퇴근 후 잠시 들러 맥주를 마시며 책을 읽을 수 있게 해주고, 어떤 곳은 미니 공연장으로 변신하고, 어떤 곳은 작가가 직접 적은 코멘트를 제공하기도 한다. 의도적이건 아니건, 이런 마케팅적 요소들이 사람들을 '그 책방'으로 이끌었을 것이다. 기존의 '상권'은 중요한 고려요소가 아니다. 실제로 많은 수의 독립책방이 교통이 다소 불편한 골목에 숨듯이 자리 잡고 있다. 너와 나의 취향이 만나는 접점으로 선택된 책방이 그곳에 있고, 찾아가는 길에 맞닥뜨리는 골목길 풍경은 새로운 느낌으로 다가올 수 있으니 수고로이 가는 길 역시 즐겁다. 그곳을 찾아가서 책 한 권을 선택하기까지의 과정 하나하나가 나의 취향을 만족시킬 도구(책)를 찾는 일종의 롤플레잉 게임 같다. 최종적으로 그곳은 '나 다녀왔다'고 인증할 수 있는 훌륭한 소스(source)다.

> "이곳에 서점이 있는 줄은 몰랐다… 이태원 제일기획 건너편 골목으로 들어가면, 낮에는 서점으로 밤에는 초능력이란 이름의 바로 운영되는 공간이 나온다… 분위기는 일반 서점이나 북카페와는 거리가 있다. 빈티지한 조명과 가구는 바와 더 어울리는 분위기이고, 한낮에도 어두컴컴해서 낮술 하기에도 딱 좋다…"

책 혹은 책방이라는 취향의 연장선에서 이해할 수 있는 현상 중 하나로, '독서클럽/독서모임'에 대한 관심이 2016년부터 서서히 증가하고 있다. 독서 취향이 비슷한 개인들이 만나 함께 독서를 즐기고 책에 대한 토론을 하기도 하며, 심지어 독서라는 취향 자체를 위해 정해진 시간에 정해진 장소에 모여 아무런 대화 없이 오롯이 자신이 가져온 책만 읽다 헤어지는 모임도 있다. 책을 매개로 개인의 취향을 공유하고 향유하는 것이다. 요즘 독서클럽/독서모임이 뜨고 있다고 새삼스레 말하고자 하는 것은 아니다. 책방이 되었건 책이 되었건 또는 다른 무언가가 되었건 간에, 개인에 기반을 두고 때로는 다수가 때로는 소수가 공유하는 취향들이 존중받고 있다는 사실을 말하고 싶다.

"일상적인 대화에서는 잘 꺼내지 않는 주제를 정해진 시간 동안 깊이 있게 나눌 수 있다는 게 독서모임의 장점인 것 같아요ㅋㅋㅋ 다른 사람들의 다양한 생각을 들으면서 내 생각이 넓어지는 것도 좋구요!"
"분당 독서 모임… 격주 화요일 모임… 독서 테마는 소설 위주이지만, 각자의 취향을 존중하여 모임 때마다 돌아가며 책을 선정하고, 읽은 책에 대해 함께 이야기합니다."

기업 또는 마케터 입장에서 A의 취향을 존중해주면 B의 취향과는 맞지 않는 제품/서비스가 되고, 반대로 B의 취향을 존중해준다 해도 결과는 마찬가지일 것이다. 그렇다고 다수의 취향에 맞다고 판단해 제품/서비스를 런칭한다 해도 과연 그 다수가 당신의 제품/서비스에 100% 만족할지는 미지수다. 마케팅이라는 분야가 주목받기 시작한 이래로 이에 대한 명확한 답은 존재하지 않았고, 앞으로도 존재하지 않을 것이다. 언제나 선택된 답은 다수를 위한 것이라고 판단된 상품/서비스였다. 하지만 사람들의 취향은 점점 더 세분화되고 있다. 다수의 취향을 파악하고 이를 반영한 제품과 서비스를 판매하는 데 익숙한 기업과 마케터에게는 앞으로의 여정이 점점 더 터프(tough)해질 것이다.

그럼에도 파편화된 취향의 조각 속에서 공통분모를 찾는 노력을 멈추어선 안 된다. 마케팅 교과서에서나 나올 법한 원론적인 이야기로 들릴 수 있지만, 당신과 당신의 회사는 지속적으로 직접 그 속으로 들어가 경험하고 그들의 취향을 공유하고 이해할 필요가 있다. 이 책 한 권 읽었다고 요즘 트렌드, 혹은 내년의 트렌드에 대한 단서(clue)를 잡았다고 생각한다면 큰 오산이다. 이 책은 당신이 긴 항해를 떠나기 전에 참고할 지침서일 뿐이다. 책을 읽고 직접 그리고 자주 그들이 살고 있는 현실로 뛰어들어 그들을 관찰하고 이해하기를 바란다. 적어도 공통분모 찾기 게임에서 당신이 승자가 될 가능성, 혹은 패자가 되지 않을 가능성은 높아질 것이다.

한때 취미를 적는 칸에 '독서'라고 쓰는 게 보편적이던 시절이 있었다. 그때에 비해 도서시장은 훨씬 어려워졌지만, '책'이라는 거대한 취미를 주인장의 색채로 쪼개 독특한 취향의 구심점으로 삼은 독립책방의 시도는 먼 길을 떠나는 기업과 마케터에게 작지 않은 영감을 줄 것이다.

의도했든 아니든 간에 서점의 대안(alternative)으로 등장한 독립책방 덕분에 독서와 휴식을 즐기는 새로운 문화가 공유되고 일상에 스며들게 되었다는 점에서 그곳은 마땅히 박수 받아야 할 것이다. 설령 일상의 한 컷을 위해 그곳을 방문했을지라도 책방에 대한 관심 자체가 무관심보다는 나으니까 말이다. 비즈니스 관점에서 독립책방의 수익이 얼마나 나고 있는지는 잘 모르겠다. 독립책방 주인이 큰 수익을 기대하며 책방을 개점하지는 않았을 것 같기도 하다. 하지만 적어도 그곳이 적자를 내지는 않았으면 한다. 지속 가능한 문화 비즈니스가 되길 희망한다. 이 책이 그곳에 진열될 가능성은 크지 않지만….

방(房)을 나가며

내 방, 공방, 책방은 생각해보면 2017년에 새로이 등장한 방(房)은 아니다. 다만 사람들이 그곳을 받아들이는 의미가 바뀌었을 뿐이다. 모두 사적인 공간이라는 공통분모가 있지만, 여기에 소소한 변화를 주어 나의 취향이 더 강하게 반영된 나만의 공간(내 방), 사생활의 사생활을 제공하는 공간(공방), 그리고 열린 공간 속에 사적 공간의 역할이 부여된 공간(책방)으로 의미가 바뀌었다. 사람들은 자신의 취향에 더 밀착된 사적인 장소를 점점 강하게 원하고 있다.

조금 더 거시적인 관점에서 살펴보면, 인터넷의 등장과 함께 인간이 타인과 대화하는 방식이 변했다. 인터넷과 함께 성장한 세대는 면대면 커뮤니케이션을 어려워하고, 전화보다는 문자 커뮤니케이션을 더 편하게 생각한다. 면대면 대화를 줄여준 배달 서비스, 택시 서비스, 부동산 서비스 앱과 같은 O2O 서비스가 시장에 성공적으로 안착한 데에는 이런 이유가 숨어 있다.

또한 우리는 365일 24시간 내내 인터넷, 스마트폰, SNS 등으로 연결된 삶을 살고 있다. 아마 과감하게 인터넷 서비스를 중단하고 스마트폰을 버릴 용기가 있지 않은 이상, 아마 우리는 평생 누군가와 연결되어 있을 것이다. 우리는 개인이기 이전에 사회적 동물이라 타인과의 관계 속에서 존재의 의미를 지닌다는 의견에는 당연히 동의한다. 하지만 24시간 내내 누군가와 연결돼 있다는 사실은

〈'끊다' 연관어〉

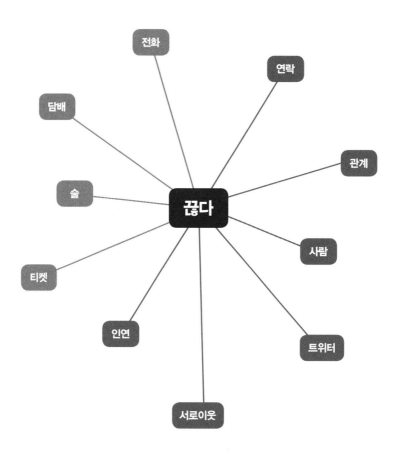

출처 | SOCIALmetrics™, 2014.01.01~2017.08.31 (Blog)

부담이 아닐 수 없다.《외로워지는 사람들(Alone Together)》의 저자 셰리 터클은 "서로 간에 네트워크로 연결되어 있는 삶이 오히려 우리를 타인으로부터 숨게 만들며, 대화하는 것보다 문자로 이야기하는 것을 선호하게 될 것"이라고 했다. 이 영향인지 몰라도 '끊다'의 연관어 중에서 '연락', '관계', '사람', '트위터', '인연' 등 인맥을 끊는다는 언급이 많다. '웃픈' 이야기지만 새로 뜨고 있는 다이어트 중에는 '인맥 다이어트'도 있다고 한다.

이러한 현상에 대한 하나의 대안으로 잠시라도 나만의 사적 공간에서 여유를 찾을 수 있는 방(房)이 주목받지 않았는지 생각해본다. 물론 이들도 완벽한 관계 단절을 원하지는 않기 때문에 '한 컷'을 공유하는 센스를 잊지는 않으면서.

나만의 취향이 오롯이 반영된 여러 방(房)들 속에서 우리는 오늘도 하루를 잘 보낸다. 당신도 오늘 하루 잘 보냈기를 바란다.

❶ 포털 사이트의 리빙 섹션 또는 홈&쿠킹 섹션에서 소개되는 온라인 집들이를 살펴보자.

그들이 소소하게 꾸민 자신만의 공간을 몰래 들여다볼 기회를 놓치지 말자. 굳이 포털사이트에 '온라인 집들이'를 검색하지 않더라도 자발적으로 온라인 집들이를 하는 이들을 쉽게 발견할 수 있다.

❷ 관심 있는 분야의 공방이 있다면 직접 방문해서 상담을 받아보자.

회원들이 주로 어떤 사람들인지 물어보는 것도 좋다. 직접 공방을 방문하기가 어렵다면 공방과 유사한 활동이 가능한 카페를 방문해보자. 주말에 카페에 앉아 생산 활동을 즐기는 사람들을 어렵지 않게 볼 수 있을 것이다.

❸ 책방에서 책보다 사람을 읽어보자.

독립책방은 시내 곳곳에 있는 데다 각 책방마다 정체성이 달라 어디부터 방문하라 추천하기 힘들다. 하지만 주말 약속장소로 독립책방이 여럿 모여 있는 해방촌이나 연남동 등을 선택해 골목길 곳곳에 숨어 있는 책방들을 방문하고 저마다의 취향을 읽고 느끼는 것도 좋은 방법이다.

❹ 지인들이 들려주는 그들만의 방(房)에 대한 이야기에 귀를 기울이자.

온라인이 아닌 오프라인에서 개인의 취향을 살펴보기에 방(房)만 한 것도 없을 것이다. 그곳을 방문할 때에는 방 주인(소비자)의 취향을 세밀하게 관찰하고 그들의 취향을 둘러싸고 있는 커다란 맥락(context)을 이해하도록 노력해보자.

여유 코스프레

"2018년 우리는 어떤 모습일까?"보다 중요한 질문은 "우리는 어떤 모습으로 보이고 싶어 하는가?"이다.

한마디로 요약하면 우리는 '여유 있는 사람'이고 싶다.

경제적으로, 시간적으로, 정신적으로 정녕 나에게 여유가 있는지 자문해보게 된다. 내 주머니 사정이 넉넉한가? 어떤 사안을 천천히 고민해볼 시간이 있는가? 느긋한 마음으로 멍 때리고 있을 마음의 여유가 있는가? 쉽게 '그렇다'는 대답이 나오지 않는다. 하지만 여유를 원하는가 하고 묻는다면 '확실히 그렇다'고 답할 것이다. 집은 좁고, 돈도 시간도 없고, 직장도 불안하지만 북유럽 어느 마을에서 그런다고들 하는 여유 있는 한가함을 즐기고 싶다. 내가 그런 사람이라고 주장하고 싶다. 사회적 시선에, 조직의 논리에, 미래의 불안에 저당 잡히지 않는 사람이고 싶다.

2018년에 우리가 바라는 이미지는 근면 성실하게 땀 흘리는 개미보다 눈을 감고 악기를 연주하는 베짱이에 가깝다. 베짱이의 노랫가락에서 시린 겨울밤이 떠오르지 않는 것은 아니다. 하지만 개미의 땀방울에서도 따뜻한 겨울은 보이지 않는다. 똑같이 혹독한 겨울을 맞을 거라면 지금 땀을 흘리는 것이 나은가, 아니면 노래를 부르는 것이 나은가? '월세 살면서도 외제차 모는 젊은 세대들'이라는 기사는 있지만 '월세 받으면서도 자판기 커피 마시는 나이 든 세대들'이라는 기사는 없다. '월세 살다', '월세 받다', '외제차 몰다', '자판기 커피 마시다', '젊다', '나이 들다'라는 단어는 가치중립적이지만 단어들이 조합되면 '한심하다'는 가치판단이 서린다.

풍요를 향해 달려와 끝내 풍요를 얻은 세대는 '빛나는 시점'을 뒤로 미뤄온 셈이다. 반면 미래의 가치를 앞으로 당겨쓰는 이들은 '빛나는 시점'이 지금이라고 생각한다. "내가 언제 B차를 타보겠는가? 나중에 어쩔 수 없을 때는 평범한 차를 타겠다. 하지만 모두가 부러워하는 고급 B차를 타볼 기회는 지금이 아니면 안 될 것 같다." 지금이 아니면 안 될 것 같다는 논리는 쉽게 반박할 수 없다. 그/그녀에게 기회는 지금밖에 없을 것도 같다. 참고 기다린다고 해서 얻는다는 보장도 없는 데다, 식구들과 다 같이 타는 것보다 혼자가 더 근사해 보이는 것도 사실이다.

그렇다고 미래를 대비하고 자신의 자산규모에 맞춰 소비해야 한다는 믿음이 용도폐기된 것은 아니다. 월급의 절반 이상을 차값 할부로 쓰는 풍조와 동시에 '통장요정'으로 불리는 어느 개그맨의 저축 장려 팟캐스트도 큰 호응을 얻고 있다. 정반대처럼 보이지만 둘 다 '어떤 시점'을 특별히 더 빛나게 만들고 싶다는 의지가 담겨 있다. 그 시점을 뒤로 미룰 것인가 앞으로 당길 것인가는 개인의 선택이다. 과거에는 이 시기를 뒤로 미루는 것이 올바르다는 데 대체로 합의했다. 지금은 이 시기를 앞으로 당겨쓰는 것이 더 나을 수도 있겠다는 새로운 행보가 나타났다.

이 새로운 행보가 낯선 것이기에 우려의 목소리도 있고 부러움의 시선도 있다. 중요한 것은 이 행보를 아는 것, 이해하는 것, 같이 가는 것이다. '카페', '혼자', '책 한 권', '차 한 잔'으로 여유를 증명하는 사진들이 수없이 올라오지만 정작 책을 읽는 사람은 별로 없다. '사실은 아니면서 척하는 것'이라고 비난한다면 마케터로서 얻을 수 있는 기회는 적다. 사람들이 척을 해서라도 얻고자 하는 것이 무엇인가를 읽어야 한다. 그리고 우리 제품을 사람들의 열망 속에 어떻게 놓을 것인지 고민해야 한다.

의사결정자의 전제가 '사람은 분수에 맞게 지출해야 한다'라는 당위라면 '월세-고급차-주말 나들이' 고객에게서 공감을 얻을 수 없다. 정책 입안자도 마찬가지다. 우리의 고객은 '여유 지향 사회'의 일원이다. 집단감성이 향하는 열망에 가까이 가는 데 한걸음을 보태주는 정책과 제품, 서비스는 호응을 얻을 것이고 그렇지 않으면 외면당할 것이다. 4차 산업혁명과 고령화 사회, 기술과 구조의 문제와 더불어 우리가 고려해야 할 것은 사람들의 마음이다. 기술이 발달해도, 나이가 들어도 사람을 움직이는 것은 마음이다.

2018 트렌드 노트

: 우리는 어디로 가고 있는가

2017년 10월 19일 초판1쇄 발행
2017년 11월 7일 초판2쇄 발행

지은이 김정구·박현영·백경혜·염한결·정유라

펴낸이 권정희
펴낸곳 ㈜북스톤
주소 서울특별시 강남구 언주로108길 21-7, 3층
대표전화 02-6463-7000
팩스 02-6499-1706
이메일 info@book-stone.co.kr
출판등록 2015년 1월 2일 제 2015-000003호
ⓒ 김정구·박현영·백경혜·염한결·정유라
(저작권자와 맺은 특약에 따라 검인을 생략합니다)
ISBN 979-11-87289-22-7 (03320)

이 책의 국립중앙도서관 출판예정도서목록(CIP)은 서지정보유통지원시스템 홈페이지(http://seoji.
nl.go.kr)와 국가자료공동목록시스템(http://www.nl.go.kr/kolisnet)에서 이용하실 수 있습니다.(CIP
제어번호: CIP2017024726)

책값은 뒤표지에 있습니다. 잘못된 책은 구입처에서 바꿔드립니다.

북스톤은 세상에 오래 남는 책을 만들고자 합니다. 이에 동참을 원하는 독자 여러분의 아이디어와 원고
를 기다리고 있습니다. 책으로 엮기를 원하는 기획이나 원고가 있으신 분은 연락처와 함께 이메일 info@
book-stone.co.kr로 보내주세요. 돌에 새기듯, 오래 남는 지혜를 전하는 데 힘쓰겠습니다.